当好改革开放的排头兵

习近平上海足迹

本书编写组

人 民 出 版 社

上海人民出版社

出 版 说 明

　　2007 年 3 月至 10 月，习近平同志在上海担任市委书记。这是他多年地方工作生涯的重要一站。当时的上海正处于改革发展的关键阶段，习近平同志着眼全局，扭住关键，抓党建、凝共识，抓发展、聚人气，在短时间内让干部群众精神为之一振，使上海进一步呈现蓬勃向上的昂扬之势。习近平同志为上海确立的"海纳百川、追求卓越、开明睿智、大气谦和"新的城市精神，进一步丰富提升了上海的城市气质与品格。

　　在担任上海市委书记的七个月零四天里，习近平同志的足迹遍布全市当年的 19 个区县，在这座城市留下了深深的印记。从党的建设到经济社会建设，从城市发展到城市精神，习近平同志书写的上海故事、上海篇章，已成为上海破解发展难题的经典教材。

　　为深化广大干部群众对习近平新时代中国特色社会主义思想理论逻辑、历史逻辑、实践逻辑的认识和理解，推动对这一重要思想的学习与贯彻走深走实，我们编写了本书。全书以平实质朴的语言、全景纪实的视角，记述了习近平同志在上海的工作经历，以及他赋予上海的新使命新任务，反映了他真挚深厚的为民情怀、求真务实的工作作风、坚韧不拔的担当精神和从严管党治党的坚定态度，具有十分重要的历史文献价值和现实指导意义，是广大人民群众了解党的领袖奋斗历程的重要读本，为各级领导干部特别是年轻干部在新时代伟大实践中更好担当作为提供了鲜活样本和学习典范。

本书编写组
2022 年 2 月

目　录

序　章

2007年上海的初春，湿润的微风中带着渐渐增强的暖意。3月24日下午，上海市召开党政负责干部大会，宣布中共中央决定，习近平任中共上海市委书记。

在习近平数十年的地方工作历程中，上海，是重要的一站。

从陕北乡村到冀中重镇，从沿海开放城市到闽东老区，从八闽大地到钱塘江畔，习近平怀着赤子初心一路走来，政绩实在，政声长留。

这次，习近平走进上海，面对的是一副相当重的担子——在这个现代化国际大都市改革发展的关键阶段，如何稳定大局、统一思想、理顺情绪，保持经济社会发展的良好势头？

习近平着眼全局，扭住关键，抓党建、凝共识，抓发展、聚人气，在短时间内让干部群众精神为之一振，使上海进一步呈现蓬勃向上的昂扬之势。

虽然在上海工作时间只有七个月零四天，但习近平的足迹遍及全市当年的19个区县。如今忆起十多年前的情景，上海的干部群众仍清晰记得，当年习近平一到上海就全情投入工作，在上海的党政机关、企业单位、市场楼宇、社区里弄、田间地头，与大家交流、交心。那些寄希望、鼓干劲的场景，历历在目。

习近平主政上海，为这座城市留下了深深的印记，他当年作出的战略谋划、提出的重要观点、推动的重点工作，至今引领着上海的发展方向。

对于这个中国共产党的诞生地，习近平提出，上海党的建设要不辱门楣，要走在全国前列；他强调，要把党的政治建设放在首位，要在实际工作中充分体现党对一切工作的领导；他在实践中坚决贯彻党中央决策部署，是维护党中央权威和集中统一领导的模范。

对于这座经济中心城市的定位，习近平要求，把上海未来发展放在中央对上海发展的战略定位上，放在经济全球化的大趋势下，放在全国发展的大格局中，放在国家对长江三角洲区域发展的总体部署中来思考和谋划——"四个放在"如今已成为上海一切工作的思考基点；他高度重视并积极主动地推进长三角协同发展——长三角一体化发展如今已上升为国家战略。

在当时的环境下，习近平明确提出发展仍是上海的中心工作、第一要务，提出要把解放思想作为应对发展路上新情况新问题的法宝；他对上海的产业结构，超前地提出了三二一产业共同发展、融合发展的战略思想；他要求上海把自主创新作为今后发展的根本动力；他强调科学发展的重要意义，反复阐明"唯 GDP"发展思路的危害。

习近平为上海确立了"海纳百川、追求卓越、开明睿智、大气谦和"新的城市精神，丰富提升了上海的城市气质与品格，也拓展了城市精神文明建设和国际文化大都市建设的内涵。

习近平多次提出，上海要在破解城乡二元结构方面走在全国前列，要在群众最关注的问题上着力解决最困难的问题，倾注"为人民谋幸福"的满腔热情；他对特大型城市治理也提出了重要论述，推进了新的重要探索。

所有这一切，是习近平为上海城市发展、社会进步、民生改善所付出的努力，也成为习近平从政历程中的上海故事、上海实践，更在日后成为上海破解发展难题的经典教材。

上海是一座承担着特殊使命的城市。2007年10月，党的十七届一中全会闭幕后，习近平到中央工作。十多年来，他始终牵挂着上海，多次亲临上海考察，赋予上海新使命、擘画上海新蓝图，为上海发展指明了前进方向。

他给上海再鼓劲：百舸争流奋楫者先，先行先试大胆创新，中国（上海）自由贸易试验区建设要大胆闯、大胆试、自主改，尽快形成一批可复制、可推广的新制度。

他为上海再定位：当好改革开放排头兵、创新发展先行者，上海要加快建设具有全球影响力的科技创新中心。

他要上海再探索：上海的城市管理要像绣花一样精细，要走出一条中国特色超大城市管理新路子。

他让上海再担当：增设中国（上海）自贸试验区临港新片区、在上海证券交易所设立科创板并试点注册制、实施长三角一体化发展国家战略，强调垃圾分类工作是新时尚，要求人民城市人民建。

他对上海再期许：上海要勇于挑最重的担子、啃最难啃的骨头，发挥开路先锋、示范引领、突破攻坚的作用。

这些使命与任务，或是要为全国探一条新路、创一个样板；或是要让各地借助上海，更好地利用国内外市场资源；或是在更高的起点上构筑新平台，代表国家更好地参与国际合作与竞争；又或是从一个特殊的切口，去诠释中国特色社会主义的生机与活力。

上海是党的初心始发地。当下，上海的党员干部正面对四道特殊的"考题"：如何始终保持创业初期的那股激情，在新的伟大时代创造新的发展传奇？如何继续走在全国改革开放最前列，发挥开路先锋、示范引领、突破攻坚的作用？如何更好代表国家参与国际合作与竞争，打造出长期可持续、不可替代的核心竞争力？如何让工作生活在这座城市的人们更幸福，满足老百姓对美好生活的更高期待？

这四个问句，被称为"初心四问"，问及上海的发展方向，更问及每一名党员干部的精神状态和责任担当。

每一位上海的干部都感到责重山岳，面对眼前的舞台，需要拿出更不一般的状态。根据习近平的要求，他们应当"充满激情，富于创造，勇于担当"。

2018年11月5日，习近平在上海出席首届中国国际进口博览会。开幕式上，他深情地说道："我曾经在上海工作过，切身感受到开放之于上海、上海开放之于中国的重要性。开放、创新、包容已成为上海最鲜明的品格。这种品格是新时代中国发展进步的生动写照。"

第二天，习近平乘坐上海中心大厦的高速电梯来到119层观光厅，俯瞰上海城市风貌。浦江两岸美景尽收眼底，上海40年发展景象跃然眼前。他感慨万千："改革开放以来，中国发生了翻天覆地的变化，上海就是一个生动例证。"

时钟再拨回2007年10月。离开上海赴中央工作前夕，回顾在上海的这段工作经历，习近平满怀感情地说："通过这七个月的工作和生活，我深切地感受到，上海是一座有着光荣革命传统的城市，上海的干部队伍是一支整体素质高、有战斗力的队伍，上海的各项工作基础都是很扎实的，上海发展的前景是十分广阔的。"

　　十多年过去了，习近平的上海故事，在上海人民心中，历久弥新；习近平的上海足迹，深深地印刻在上海这片改革开放的热土上。到中央工作后，习近平不断踏上这片热土，将新使命新任务交给上海。上海这座曾经创造过诸多奇迹的城市，必将用自己的行动，创造新时代的新奇迹。

一、上海的党建，要走在全国前列

　　一切向前走，都不能忘记走过的路。

　　2017 年 10 月 31 日，上海秋色静美。时近中午，一辆车驶到黄陂南路兴业路路口停下。习近平总书记和六位中共中央政治局常委从车上下来，走向二三十米外一幢青砖墙红窗棂的小楼。

　　"总书记您好，欢迎重回党的诞生地。"中共一大会址纪念馆工作人员迎上前，习近平神情庄重地说："我们应该回来看看。"

　　这话让周围的人都心中一热。1921 年的那个 7 月，十多位来自不同地方、从事不同职业的人，身着不同式样的衣服，满怀着对马克思主义救中国的憧憬来到这里，叩响大门上的铜环。那时，这些有志之士或许不会想到，百年后的中国会有如此翻天覆地的历史变迁。

　　习近平特地在党的十九大胜利闭幕的一周后，带领六位政治局常委赶赴上海瞻仰中共一大会址，随后又到浙江嘉兴瞻仰南湖红船，沿着早期共产党人的足迹，探寻中国共产党人的精神密码。

　　十年前，刚担任市委书记不久，习近平就曾带领上海市领导班子成员，一起来到兴业路 76 号——中共一大会址纪念馆。他一到纪念馆就说："今天我是来接受革命传统教育的。"随后，他首先瞻仰了中共一大会议室原址，接着仔细参观了"中国共产党创建历史文物陈列"展览，详细询问当年的一些细节。陪同在侧的中共一大会址纪念馆馆长倪兴祥记忆最深的，是当习近平看到董必武同志的题词"作始也简，将毕也钜"时驻足思考良久。

习近平一边看一边动情地说："中国共产党诞生在上海，这是上海的骄傲，我们有幸在上海工作，既感到十分光荣，更倍感责任重大。"

参观结束，习近平对在场的市领导说，通过翔实的历史资料，看到了我们党从无到有、从小到大的发展过程。从最初的几十个党员发展到现在，这个伟大的征程使我们更加坚定地认识到，我们党的使命光荣和责任重大。

习近平在上海工作期间，先后三次瞻仰中共一大会址。每次来到这里，他都仔细参观，跟身边同志亲切交流。他反复强调，党员干部要接受革命传统教育，重温党的光辉历程，缅怀党的丰功伟绩，学习革命先辈的崇高精神。

时钟拨到十年后的 2017 年。

在中共一大会址，对着按当年开会原样布置的 18 平方米房间，习近平久久凝视，叮嘱一定要把会址保护好、利用好。习近平还满怀深情地说："毛泽东同志称这里是中国共产党的'产床'，这个比喻很形象，我看这里也是我们中国共产党人的精神家园。"

在一系列专题展区，陈列着大量实物和图片，习近平一边听取介绍，一边询问细节。他对着中共一大代表群像浮雕，一一列数代表的姓名，感叹英雄辈出，也感叹大浪淘沙。他感慨地说："建党时的每件文物都十分珍贵、每个情景都耐人寻味，我们要经常回忆、深入思索，从中解读我们党的初心。"

走得再远、走到再光辉的未来，也不能忘记走过的过去，不能忘记为什么出发。在宣誓厅，面对巨幅党旗，习近平总书记带领政治局常委同志一起重温入党誓词。宣誓完毕后，他对在场的人说："入党誓词字数不多，记住并不难，难的是终身坚守。每个党员要牢记入党誓词，经常加以对照，坚定不移，终生不渝。"

2017 年 10 月 31 日，在上海中共一大会址纪念馆，习近平带领其他中共中央政治局常委同志一起重温入党誓词

党的诞生地，要牢记历史使命

2007年3月下旬，习近平在浙江工作四年多后，调任上海。

离别浙江那天的情形，给前去杭州迎接习近平的沈红光留下了深刻的印象。作为上海市委常委、组织部部长，沈红光一早来到浙江省委大院，发现很多人比他来得更早，还有不少人在不断聚拢。他们中有干部，也有普通职工，都是来送习近平的。

"习书记说，离开浙江，他的留恋之情难以言表。而浙江的干部群众，对习书记的留恋可以说是溢于言表，依依不舍之情都写在每个人脸上。那种来自习书记和干部群众之间，双向的真心惜别场面，非常质朴，非常感人。"沈红光感慨地说。

七个多月后，习近平离开上海，前往中央工作。

临行前，他特意到市委各部门告别。在上海市委办公厅，他和每一位普通工作人员握手致谢，对提出合影要求的都笑着一一满足。办公厅工作人员说："习书记待人的真诚谦和，跟他推动党建等工作时的硬朗风格，形成了鲜明的对比。在工作上他容不得一点随意马虎，但对待身边的工作人员，又始终是那么和蔼可亲。"

那天在市委组织部，他同样走进每一个处室，和大家一一握手。走到大门口，他一只脚已经踩上了面包车的踏板，又回转身，对组织部的干部们再次嘱托："上海的党建要成为中央的一个点。"

与他临别上海的郑重指示完全一致，从初来上海工作第一天起，习近平就把抓好上海党的建设，作为一切工作的核心和突破口。

在上海，习近平有两个"首次亮相"。一次是在全市党政负责干部面前，一次是在市民面前，都颇具深意。

2007年3月24日下午，在宣布中央任命的干部大会上，新任上海市委书记习近平的发言简短朴实、语气坚定、掷地有声："要按照提高党的执政能力和保持先进性的要求，进一步加强市委领导班子的自身建设，总揽全局，协调各方，坚决贯彻民主集中制原则，进一步健全和完善各项制度，全面加强各级领导班子和干部队伍建设，以实际行动向党和人民交上一份合格的答卷。"

六天后的3月30日下午，习近平来到中共一大会址。作为一大会址所在地卢湾区的区委书记，沙海林是当天提前几个小时得到通知的。而按惯例，市领导到区里调研，一般都会提前几天通知。

"但我并不惊讶，在此之前我已经有预感，感觉他会来。因为这么多年来，习书记对党的历史有非常深刻的了解，对党的建设一贯非常重视，对党在革命、建设和改革中的领导地位，也是一次次不断强调。只是没想到，他会来得这么快。"沙海林说。

2007年8月28日，习近平在调研卢湾区时，向区里的干部们强调："卢湾区是中共一大会址所在地，从精神象征的意义来讲，卢湾也应该成为党建的先进所在地，这样才能不辱门楣。"

接着，习近平话锋一转，特别提到了队伍建设和作风建设："卢湾区地处繁华之地，领导干部在这里要经受各种考验，必须切实加强领导干部的作风建设，以更加昂扬向上、奋发有为的精神状态，不断开创各项工作的新局面。"

他又进一步告诫大家："要坚持党要管党、从严治党，不断加强党的建设。"这番话令当时在场的干部们印象深刻。

习近平对党史的重视是全方位的，他对党的历史上的重要纪念地都十分关注。

2007年3月30日下午，习近平一行离开一大会址后，又马不停蹄地赶到二大会址。和在一大会址一样，他悉心听取介绍，对展厅内的各种史料看得非常认真。

二大会址纪念馆的同志向习近平提起一个小细节，为了完好保留二大会址，当年上海建设"东西向大动脉"延安路高架时，在设计时作了一个重要的改动，特意为二大会址绕了个弯。

习近平频频点头，表示赞许。他对一起参观的领导干部说："瞻仰一大和二大会址，就是要进一步激发为党和人民的事业不懈奋斗的豪情和斗志，把上海建设得更美好。"

三个多月后的7月12日，习近平到虹口区调研，特意来到中共四大史料陈列馆，仔细观看一件件珍贵文物和一张张历史照片。他郑重地对大家说："我们党的前五次代表大会都在国内召开，六大在莫斯科召开，我们一定要把党的历史完整地记载下来，教育下一代，这也包括要把四大纪念馆建造好，把史料征集好，要重视党史研究工作。"

虹口区委书记孙卫国陪同在侧，他说："听了习近平同志的话，让我们在场的同志都深受教育，更深感责任重大。"很快，虹口区委成立了中共四大纪念馆筹建领导小组，紧锣密鼓地展开筹建工作。2012年9月，中共四大会址从原先的陈列馆升格为纪念馆，建成后对外开放，完成了习近平的嘱托。

中国共产党第一次全国代表大会会址

习近平在跟上海的干部交流时，曾经很感慨地说到他的工作轨迹："我在很多革命圣地工作过，陕西有延安，河北有西柏坡，福建有苏区，浙江有南湖，上海有一大会址，还是二大、四大召开地，革命传统是我们一笔宝贵的精神财富，是凝聚人心、激励向上的一种精神动力。"

在上海工作期间，习近平时常告诫大家，上海在党的历史上具有特殊的地位，"要充分认识抓好上海党的建设的特殊重要性，因为上海是党的诞生地"。

因此，习近平到上海工作后，最关注的一件事就是两个月后即将召开的中国共产党上海市第九次代表大会，这是一次换届的大会。习近平一到上海，就要求党代会报告起草组尽快拿出初稿。

沈立新是当时市委研究室的主任科员，也是报告起草组成员。他回忆说："初稿完成后，习书记马上召开一系列座谈会，听取方方面面的意见。每次都要汇总大家的意见，然后对起草组提出明确的修改要求，工作特别细致深入，让我们起草组都很受教益。"

其中，让大家印象最为深刻的，是习近平提出对报告作两处大的改动。

一是对党代会报告的初稿框架作了调整。他明确要求，起草党代会报告、谋划上海未来发展，必须着眼"四个放在"：放在中央对上海发展的战略定位上，放在经济全球化的大趋势下，放在全国发展的大格局中，放在国家对长江三角洲区域发展的总体部署中来思考和谋划。

这段论述在当时就引起很大反响，多年后人们发现，这对此后上海发展的引领意义，已经远远超过了当时的预料。因为对上海来说，这已经成为一切工作的基点。

二是在报告修改过程中，习近平特别强调讲政治和加强党的领导，要求将党的政治建设部分单列。最终定稿的报告，对加强党建增加了很多篇幅，大大加重了这方面的分量。

对如何加强和改进党的建设，习近平从六个方面提出了一系列有针对性的要求和措施：加强党的思想建设，用马克思主义中国化的最新成果武装头脑、指导实践、推动工作；加强民主集中制建设，增强党的团结和活力；加强领导班子和干部队伍建设，把各级领导班子建设成为善于领导科学发展的坚强集体；加强基层党的建设，充分发挥基层党组织凝聚人心、推动发展、促进和谐的重要作用；加强党风廉政建设和反腐败斗争，以反腐倡廉的实际成效取信于民；加强党的作风建设，努力形成团结奋进干事业的良好局面。

起草组的同志回想起那段报告修改的过程，深切体会到，习近平当年提出的两处大改动，实际上贯穿了一个思想：讲政治和加强党的领导，是做好一切工作的核心。

而讲政治和加强党的领导，首要的就是维护党中央权威和集中统一领导。对此，习近平多次要求上海的干部提高认识，在阐释上海的发展时，他反复强调上海"要更加坚定地在国家战略下思考行动"。

作为上海市委书记，习近平说过一段后来被广为引用的话："上海是全国的上海，上海要更加坚定地在国家战略下思考和行动。上海的发展绝不可能独善其身，上海的发展也绝不可以独'惠'其身。"

时任上海市委副秘书长刘卫国最深的感受是："维护党中央的权威，维护党中央的集中统一领导，习书记不仅坚定，而且自觉。"

在与中央保持一致这个重大原则问题上，习近平不仅从大处着眼，同时也非常注重一些细节。

上海当年提出"社会主义新郊区建设"，与中央"社会主义新农村建设"的口号，并不完全一致。习近平注意到了这个问题，明确地说："上海农村虽然有自身的发展特点，工作中也可以有自己从实际出发的做法，但大的口号、工作的基本原则，必须与中央保持一致，不能另搞一套。"从此，上海不再使用"社会主义新郊区建设"的提法。

2007年7月，上海的东方卫视开始转播央视《新闻联播》，也是令人印象深刻的一个细节。之前，上海由于地域面积较小，又都是平原地区，央视信号已全域覆盖，所以东方卫视一直没有转播央视《新闻联播》。习近平到上海工作后，注意到了这个问题，并向有关方面了解情况，随即提出要求，东方卫视必须转播央视《新闻联播》，不能强调特殊性。

朱纪华当时是上海市委办公厅副主任，清楚地记得这些细节。他由衷地感慨："习书记是从讲政治的高度看待这个问题的。"

上海市第九次党代会刚一落幕，习近平又提出新要求：起草新一届市委常委会议事决策规则和加强自身建设意见，并亲自主持起草工作。后来，他还主持起草了新一届市委工作规则。

这三份文件，有循例和破例的不同。周蔚中当时是市委办公厅秘书处处长，参与了这些文件起草，"一般来讲，市委换届后，都要制定常委会议事决策规则和市委工作规则，但当时习书记特别提出要制定加强自身建设意见"。

后来，上海市委在加强自身建设的意见中提出了"八个坚持"，即坚持把思想理论建设放在首位、坚持党总揽全局协调各方、坚持党的民主集中制、坚持党管干部原则、坚持党的纪律、坚持党的群众路线、坚持加强作风建设、坚持廉洁自律。

对于这些规则、意见的制定，习近平高度重视，提出了很多具体的要求。而在关于坚持党总揽全局协调各方的部分，他特别提出，市委常委会除了听取审议市人大常委会党组、市政府党组、市政协党组工作汇报外，还要每年听取审议市高院党组、市检察院党组工作汇报。

市委办公厅同志向他请示："常委会议事决策规则中已经提到要听取审议政法委工作汇报，是否还需要听取审议'两院'党组工作汇报？"习近平明确指出："这不是一回事，都要听取审议。"

2015年1月，习近平主持中央政治局常委会会议，专门听取全国人大常委会、国务院、全国政协、最高人民法院、最高人民检察院党组的工作汇报。会议指出，加强党中央的集中统一领导，支持全国人大常委会、国务院、全国政协、最高人民法院、最高人民检察院依法依章程履行职责、大胆工作、发挥作用，这两个方面是统一的，两个方面哪一方面都不能偏。中央政治局常委会听取汇报，是保证党中央集中统一领导的制度性安排，意义十分重大。

从中，不难看到2007年上海实践的影子。

2019年11月初，习近平在参加第二届中国国际进口博览会开幕式前，又一次来到上海，深入杨浦滨江、古北社区进行调研，同基层干部群众亲切交流。

"上海是我们党的诞生地，党成立后党中央机关长期驻扎上海。"习近平叮嘱上海的各级干部，要把这些丰富的红色资源作为主题教育的生动教材，让初心薪火相传，把使命永担在肩，切实在实现"两个一百年"奋斗目标、实现中华民族伟大复兴的中国梦进程中奋勇争先、走在前列。

"上海是党的诞生地"这个概念，习近平极为重视、反复强调，他要求大家要牢记历史使命。对此，上海广大干部群众深感责任重大。

上海始终牢记习近平的嘱托，这些年加紧实施"党的诞生地发掘宣传工程"，深入发掘红色资源，生动讲述建党故事，大力弘扬伟大建党精神，让红色基因融入城市血脉、根植市民心中，凝聚起强大精神力量，传承好共产党人的光荣与梦想。

在习近平心中，坚定的理想信念是战胜一切艰难险阻的强大精神支柱，坚持党对一切工作的领导是党和国家的根本所在、命脉所在，是全国各族人民的利益所在、幸福所在。无论是他在上海工作的七个月零四天，还是到中央工作后，念兹在兹的，是如何把党的光荣传统继承好、发扬好，把党的建设新的伟大工程建设好、推进好。

正如他多次跟上海干部说的："这是一项光荣而神圣的使命！"

既要服务党员，更要教育党员

习近平一到上海，就跟相关部门打了招呼："尽快安排基层党建的调研。"

市委组织部比对了几个方案后，建议第一站去静安区。他们的理由是："静安区是中心城区，社区党建包括商务楼宇和'两新'组织党建，有一定特色，而且上汽集团总部也在静安区，还可以调研国企党建。"

习近平对这个建议很满意，认为体现了上海的特点。

2007 年 4 月 17 日，上海大雨如注。习近平不改行程，冒雨前往静安区，进行了一次国企和基层党建的调研。

第一站，上汽集团公司。

迎接的人群中有位美国人，他是上汽集团外籍执行副总裁墨斐。习近平跟他聊起企业的情况，他告诉习近平，"共产党员是企业中最有责任心的群体，是最好的员工"。习近平听了十分高兴。

随后，习近平自己撑着伞，来到江宁路社区（街道）党员服务中心看望基层党员干部。他的冒雨前来，让大家很感动。进门后，他和在场的每个人一一握手。

街道负责人特地向习近平介绍了一位同志："这位是滕霞瑾同志。为了充实党的社会工作队伍，静安区探索建立了社会化招聘、专业化培训、契约化管理、职业化运作的人才队伍机制。她就是静安区首批招募的社区专职党群工作者，现在担任江宁路街道党群工作者党支部书记。"

习近平听后，关切地询问滕霞瑾："党员服务中心工作条件怎么样？"

"区里和街道都非常重视，为我们创造了很好的工作环境。"滕霞瑾说。

"你们党建工作的模式是怎样的？工作任务是什么？"习近平语气

亲切，频频发问。

"我们服务中心在街道党工委的领导下开展工作，任务很明确，就是要走进楼宇、凝聚党员、服务白领、组织开展各类活动。"

习近平听后点点头："我以前在浙江工作，杭州的基层党建重点在园区，上海的情况不一样，党建重点是楼宇，希望你们把党建工作做得更好！"

滕霞瑾后来回忆说，当时自己确实有点紧张，但习近平同志的问题很具体，而且不给人压力感，自己很快就放松了。

当天走出江宁路社区（街道）党员服务中心，习近平看到旁边是淮安里居委会。虽然当天的调研计划中没有这个点，但他还是决定进去看看，主要是上门看望社区干部。

此时，正好有不少社区居民在搞活动，看到习近平进门，大家都有点喜出望外，不禁叫出声来："习书记，我们正在参加健康测试和老年书画班学习，都是我们居民自己组织的。"

习近平微笑着点头，走进居委会党总支书记薛芳华的办公室，说道："你们社区干部辛苦了！"薛芳华没想到习近平会来，一时有些紧张，连忙回答："书记辛苦！"

习近平仔细询问居委会干部的待遇和工作强度如何，工作经费是否有保障。听了汇报后，他表扬大家，工作做得很好，"结对共建"等也很有成效。他对大家说："居委会的工作是我们党的社会工作基础，潜力很大，要做得更好。"

习近平离开后，居委会干部们还时常回忆那天的场景："习书记很实在，没有讲深奥的道理，但我们真正感受到了他对基层、对党建工作的重视，对社区工作的关心，我们基层的干部都很受

2007 年 4 月 17 日，习近平在静安区调研江宁路社区（街道）党员服务中心

鼓舞。"

下一站，中华企业大厦。

习近平到这里调研，就是要实地察看支部如何"建在楼上"。

"楼宇经济"是上海作为特大型城市典型的经济形态，各类商务楼宇内聚集了大量高学历、高技能、高收入的青年群体。但当时，上海不少新经济组织和新社会组织的党员，没有表明自己的身份，成了"隐形党员"。同时也有一部分党员反映，党组织很多时候是"挂牌的地方走不进，不挂牌的地方找不到"，没有覆盖到楼宇、园区等"两新"组织集中的区域。

走进大厦，习近平来到港商独资的力新仪器（上海）有限公司，员工们一起起立鼓掌。习近平向大家挥手致意，频频说："大家好！"

在这家公司里，凡是党员的工作台前，都挂上了"先锋模范岗"的标牌。此举不仅亮明了身份，还承诺发挥先锋模范作用。习近平走到各位党员当中，与党员们亲切交谈，还问起一名党员的入党情况。然后，他看了公司的党员活动场所，并仔细阅读党员公开栏中的内容。他还询问，公司的党支部书记是否专职，开展哪些活动……

习近平的脸上始终挂着和蔼的笑容，让大家倍感亲切。

那天，习近平在静安区整整调研了一个下午。调研座谈会上，在听取了静安区开展社区党建的情况汇报后，习近平首先表示肯定，认为上海的基层党建工作，是非常有特点的，有很多工作都走在全国的前列。

"很多先进的经验，我过去都有耳闻。看了静安区的几个有代表性的地方，再加上了解了一些情况，加深了印象，像楼宇党建、

2007 年 4 月 17 日，习近平在静安区中华企业大厦调研

园区党建、党员服务中心这些做法，都是上海各级党组织在实践中摸索创造的新鲜经验，很值得进一步提炼升华。"

同时，习近平又提出了一个对上海极为重要的新命题：

随着经济体制的深刻变革、社会结构的深刻变动、利益格局的深刻调整、思想观念的深刻变化，上海作为一座特大型城市，如何努力走出一条符合改革开放和发展社会主义市场经济条件下党建工作规律、具有特大型城市特点的基层党建新路子。

习近平跟在场的干部说："这是一个很大的命题，希望基层的党组织共同来实践并破题。"

调研不是走一走、看一看，习近平更注重在调研中及时发现问题，并尽快找到解决问题的办法。

习近平发现社区党员服务中心强调最多的是服务功能，在静安区调研的路上，他就对随行的市委组织部同志说："党员入党不仅要接受党组织的关心服务，更要接受党组织的教育。"根据他的要求，市委组织部调整了社区党员服务中心的功能。在原有的流动党员接纳地、"两新"党组织孵化器、党建资源共享平台、凝聚党员的温馨家园、服务群众的重要窗口的基础上，又增加了五大功能：党员教育培训中心、党建活动中心、基层党建指导中心、党组织党员形象展示中心、服务群众凝聚社会的纽带桥梁。

调研静安区的五天后，习近平听取全市各大系统党委书记对市第九次党代会报告的意见建议。他在认真听取大家的意见后，指出：在报告初稿中，"两新"组织党建工作所占分量不够，而这方面的工作，对巩固党的执政基础非常重要。为此，他提出："'两新'组织党建，既要继承党的建设中的一些宝贵经验，同时要研究探索新形势下的新做法，要用改革的精神做好党的基层组织建设。"

后来正式确定的市第九次党代会报告，增加了这部分内容。

按照习近平的要求，到 2007 年 9 月底，上海基本完成了规模以上非公企业党组织的覆盖任务，7825 家规模以上非公企业中已建立党组织的有 7706 家，组织覆盖率 98.5%，其中单独建立党组织的 7455 家，占比 95.3%。

在上海不长的工作时间里，习近平走遍了全市的 19 个区县，每次的调研重点各有侧重，但加强基层党建是必谈话题，而且他几乎每次都会对党建工作提出具体而富有前瞻性的要求。

2007 年 8 月 28 日、9 月 21 日，习近平两次来到卢湾区五里桥街道，考察基层党建等工作。

在街道社区事务受理服务中心，习近平询问"一口式"受理窗口服务情况，并实地了解系统运作。他还走到 1 号窗口的后台，仔细查看低保受理的 24 种情况。在得知这个中心是上海第一家提供"一口式"受理服务的中心后，他勉励大家要不断提高窗口受理水平。

习近平尤其关注居民关心的热点问题，特别叮嘱区和街道干部："基层党组织抓好联系群众、服务群众的工作，在解决民生问题上做得更好一些，使广大群众得到实实在在的好处。"

时任卢湾区五里桥街道党工委书记张武平说，根据习近平同志的要求，五里桥街道在基层党建方面，又探索建立了一系列新的机制与做法。2010 年，上海举办世界博览会，作为部分场馆所在地的五里桥街道，充分尝到了强化基层党建带来的甜头。

世博会试运行期间，有些游客表达了一些小遗憾，认为浦西园区的公交线站点设置不合理，下车点距离场馆太远。他们的抱怨很快得到了回应。五里桥街道党工委和紧邻的世博园 D、E 片区临时党委实施联建。他们现场办公，没几天就拿出了新线路，公交车绕着片区兜了一圈，增加了 8 个站，几乎覆盖所有场馆。

正因为基层党组织主动跨前，确保无缝衔接，"不归我管""我不知道"这样的话，再也听不见了。

2007 年 9 月 11 日，习近平到长宁区调研，这是他到上海 19 个区县调研的最后一站。调研中，他再一次对社区党建提出了要求。

长宁区是上海"凝聚力工程"的发源地，在全市率先探索凝聚党员、凝聚群众、凝聚社会的体制机制和工作方法，打下了比较好的工作基础，还培养出了朱国萍等一批优秀的社区党务工作者。

那天，习近平来到华阳街道，除了充分肯定和鼓励，他还提出："大家要不断寻找还有什么不适应的地方，不断探索进一步发挥党员作用、调动党员积极性的途径和方法，不断创新完善。而且，好的经验市委要及时总结和推广。"

那年，上海基层党建全覆盖的工作布局已经接近完成，达到 90% 以上的覆盖率。习近平在谈到基层党建下一步目标时多次强调，要切实提高党建工作的有效性，真正做到，哪里有群众，哪里就有党的工作；哪里有党员，哪里就有党组织；哪里有党组织，哪里就有党的战斗力。

习近平不断告诫各级党组织的负责人："要通过构建单位党建、

区域党建、行业党建互联互补互动的基层党建工作新格局，使党的工作覆盖经济社会发展的所有领域。"

习近平担任中共中央总书记后，依然十分关心上海的基层党建工作。每次到上海考察，都要了解基层党建的新进展，并提出新的要求。

2018 年 11 月初，习近平在出席首届中国国际进口博览会开幕式和相关活动后，又一次深入上海基层调研。6 日上午，他来到总高度 632 米的上海中心大厦，这是他在上海工作期间十分重视，多次实地调研，亲自审定设计方案的重大工程。

这次他先去的是 22 层，这里有陆家嘴金融城党建服务中心，是陆家嘴金融贸易区综合党委建立的楼宇党建阵地。

在党建服务中心的空中花园研讨交流区，三家企业党支部正在联合开展"我与金融城共成长"主题党日活动，习近平来到他们中间，同他们亲切交谈。

看到总书记加入了进来，作为主持人，渣打银行（中国）有限公司党总支书记董述寅感觉很紧张，但习近平的平易近人，让他放松了不少。他告诉习近平："在陆家嘴有各种所有制的企业，而陆家嘴金融城跟世界上其他金融城最大的区别是，这里有党建的引领和凝聚，有了更旺盛的生命力。"

习近平问他："年轻人愿不愿意跟党走，愿不愿加入党组织？"董述寅介绍了陆家嘴金融城党建服务中心的"双培工程"，就是把党员培养成企业骨干，把企业骨干培养成党员："现在有 300 多名企业骨干加入党组织，140 余名党员成长为企业骨干，500 多名优秀员工成为入党积极分子。"

习近平欣慰地说："这个问题，我在陆家嘴金融城找到了答案。"

2019 年 11 月初，习近平在上海考察时，基层党建仍然是其中一个重点。

11 月 2 日下午，习近平来到杨浦区滨江公共空间，走进岸边一个不足 20 平方米的小屋。这是"人人屋"党群服务站，因为整座房子的外形是由木结构搭成的"人"字，取名"人人屋"，也是为了彰显"以人民为中心"的理念。这里不仅是行人休息的驿站，也是绿色智慧的活动空间，更是开放式的党建服务平台。

在"人人屋"里，习近平与几位杨浦滨江居民亲切交谈。其中一位名叫黄宝妹，是第一批全国劳动模范，曾在黄浦江畔的国棉十七厂工作了 42 年，是地地道道的老滨江人。她的曾孙女是高中生，陪在曾祖母身边，总书记也亲切地和她握手。

黄宝妹激动地说："我是土生土长的上海人，见证了上海从旧中国到新中国、再到新时代的巨大变化，为中国共产党和中国特色社会主义感到无比自豪。"习近平问她多大年纪，黄宝妹说今年 88 岁了，习近平直夸她身体好，向她竖了大拇指："你是国家发展的见证者、参与者、奉献者"，还鼓励她多给年轻人讲一讲，坚定他们对中国特色社会主义的道路自信、理论自信、制度自信、文化自信。

第二天，习近平在听取上海市工作汇报后的讲话中说："第二批主题教育（指"不忘初心、牢记使命"主题教育）重点在基层，在群众家门口开展，更要求真务实，奔着问题去、盯着问题改，让群众感受到新变化新成效。各级领导干部要勇于担当、攻坚克难，在改革发展稳定各项工作中经受严格的思想淬炼、政治历练、实践锻炼。要以提升政治功能和组织力为重点，在强基础、补短板上下功夫，把基层党组织建设成为宣传党的主张、贯彻党的决定、领导基层治理、团结动员群众、推动改革发展的坚强战斗堡垒。"

在上海工作期间，习近平兼任上海警备区党委第一书记，心中一直记挂着官兵。对部队的党建，也是念兹在兹。

在上海的七个多月中，他多次走访慰问驻沪部队官兵，关切地询问官兵们的训练、学习和生活情况。他动情地表示："上海将继续与驻沪部队官兵一起做好双拥和共建工作，与大家携手并肩，'同呼吸、共命运、心连心'，为共同创建和谐军营，构建和谐社会多做一点工作、多作一份贡献。"

2007 年 7 月 16 日，习近平出席上海警备区党委书记座谈会，和警备区党委委员、团以上单位党委正副书记见面，并作出重要指示：要坚持不懈用马克思主义中国化的理论成果教育部队、武装官兵、凝聚力量；要不断强化军魂意识，毫不动摇坚持党对军队绝对领导的根本原则和制度，全面落实党管武装要求；要提高政治敏感性和政治鉴别力，严守政治纪律，牢固树立政治意识、大局意识，坚持从政治和全局高度贯彻处理问题。

9 月 13 日，上海警备区举行授予、晋升预备役军官大校、上校军衔仪式，习近平专程前往出席，对预备役军官们说："要从巩固党的执政地位、完成党的执政使命的高度，继承和发扬党管武装的优良传统，切实加强对国防后备力量建设的领导。各级领导干部要认真落实各项制度，确保党对国防后备力量的绝对领导。"

对于部队官兵中涌现的先进典型，习近平一直很关注。

尹欣欣是武警上海市总队九支队特勤中队的一名班长，入伍四年多，敢于舍生忘死，勇于攻坚克难，乐于助人奉献，先后荣立一等功 1 次、二等功 1 次。2007 年 5 月，他高票当选第十届"中国武警十大忠诚卫士"。

8 月 2 日，习近平专门会见尹欣欣事迹报告团。他说："尹欣欣同志所体现的崇高思想品格，是民族精神、时代精神、城市精神的生动体现。我们要学习尹欣欣同志不怕流血牺牲、一心报效祖国的英雄主义精神，不畏艰苦、勇争第一的进取精神，热忱助人、服务人民的奉献精神。"

习近平还特别跟在场的同志说："武警上海市总队是一支锤炼英模的部队……尹欣欣同志作为其中的突出代表，无限忠诚热爱党，一腔热血为人民……以实际行动履行了忠诚卫士的神圣使命。集中体现了广大武警官兵爱党忠诚、爱岗敬业、爱民为民的精神风貌；生动展示了武警官兵热爱上海、保卫上海、建设上海的卫士风采。"

值得一提的是，这年 7 月 24 日，正率上海市党政代表团在江苏考察的习近平，特地和全团一起来到南京军区，与军区领导亲切会晤。在"八一"建军节即将到来之际，向南京军区广大官兵致以节日的祝贺。

习近平情深意长地说："上海发展离不开人民子弟兵的积极参与和大力支持。上海将继续把支持国防和军队建设，作为社会主义现代化建设的重要组成部分，从人力、物力、财力等各方面大力支持部队建设；将充分发挥科技力量较强、技术装备比较先进的优势，为部队在培养适应未来战争需要的高科技人才方面提供全力支持，为部队在强化科技练兵、科研攻关方面提供全方位的服务保障。"

2007 年 7 月 30 日，习近平视察慰问"南京路上好八连"

当领导干部就不要考虑挣钱

2007 年习近平到上海工作时，这个大都市正处在一个相对特殊的阶段。

就在上一年，上海发生了社保资金案，暴露出一些党员领导干部的贪污腐败问题。当时的上海，正面临不小的困难和挑战。接下去应该怎么走，上海处于历史的"十字路口"。

面对这种局面，习近平要求深刻汲取社保资金案教训，对党的自身建设存在的薄弱环节进行深刻反思，从思想认识、制度建设、干部队伍建设、作风建设等各方面进行深入剖析。

4 月 13 日，在上海市委常委会学习会上，习近平语重心长地指出，"每一位领导干部都应该以'君子检身，常若有过'的态度，经常想一想什么是'做人''公仆''权力'和'考验'"。

为此，他明确要求上海的党员干部，要做到六个"始终不忘"：始终不忘党的解放思想、实事求是、与时俱进的思想路线；始终不忘全心全意为人民服务的宗旨；始终不忘"两个务必"的要求；始终不忘全国一盘棋的思想；始终不忘民主集中制的原则；始终不忘共产党员应该具备的品行和操守。

在一系列调研中，习近平听到一些反映，比较集中的，是说在干部管理中存在一些不规范的现象，比如，有的干部一人兼两个身份，既保留党政干部身份，又是某个国企的高层，拿的是企业的高工资，退休时又以公务员身份退，两边的好处都占了。

习近平看到了这个问题，向市委组织部提出明确要求："干部管理不能'一干两制'，当党政领导干部就不要考虑挣钱！"

市委组织部马上行动，给全市相关干部发通知：要么留在企业，要么回归公务员，必须作出"二选一"的选择。之后，这个现象得到了遏制。

2007年8月10日，上海召开全市党政负责干部大会。会议的主题就是，做好上海党风廉政建设和反腐败工作。

习近平要求上海的各级领导干部，总结反思社保资金案的深刻教训，切实增强拒腐防变的能力，一定要过好"五关"：切实过好思想关，仔细算好"利益账""法纪账"和"良心账"；切实过好权力关，自觉把手中的权力置于组织和人民群众的监督之下；切实过好社会关，净化自己的"社交圈"，坚守原则和底线；切实过好亲属关，既要管好自己，又要对亲属和身边工作人员严格要求；切实过好生活关，真正做到"心不动于微利之诱，目不眩于五色之惑"。

"过五关"要求一经提出，在上海的领导干部中引起强烈震撼。六年后，习近平亲自部署全党开展党的群众路线教育实践活动，他提出了"照镜子、正衣冠、洗洗澡、治治病"的总要求。这12个字，与他在上海工作时提出的"过五关"，其实一脉相承。

在那次上海党政负责干部大会上，习近平深刻指出："在社会主义初级阶段，在我们反腐败的体制机制还不完善的情况下，任何地方难以做到一片净土。""腐败案件的发生警示我们，任何一名领导干部都没有天然的免疫力。"

对此，上海纪检监察干部触动很大。顾国林当时是上海市纪委副书记，他很感慨地说："这是对我们纪检监察工作的重要鞭策，促使我们纪委加快反腐的体制机制建设。"

那几年，上海土地批租领域贪腐案件时有发生，纪检监察工作就从土地市场管理着手。当时，上海土地批租都在区县层面操作，漏洞较多。习近平提出要求后，在有关部门的努力下，只用了几个月时间，到 2008 年 3 月，上海土地交易市场开业，全市所有的经营性用地和工业用地等土地交易活动，都通过这一集中的交易平台公开进行，实现统一交易场所、统一信息发布、统一交易规则、统一运作监管。

这是比较典型的从制度设计上预防腐败，对规范全市土地批租领域的市场秩序起到了重要作用。顾国林说："这说明，习近平同志当时的判断非常准确，加强反腐倡廉，首先要完善制度、堵塞漏洞，形成一整套严密的制度体系。"

全方位扎紧制度笼子，更多用制度治党、管权、治吏，是习近平全面从严治党的重要理念。

2012 年 12 月 4 日，习近平担任总书记半个多月后，中共中央政治局会议一致通过关于改进工作作风、密切联系群众的八项规定。要求改进调查研究，精简会议活动，精简文件简报，规范出访活动，改进警卫工作，改进新闻报道，严格文稿发表，厉行勤俭节约。

习近平从关乎党的兴衰存亡、巩固党的执政地位、实现党的初心使命的政治高度，重视加强党的作风建设，从制定和执行中央八项规定破题，严字当头、刀刃向内，坚定不移推进全面从严治党，解决了许多过去认为不可能解决的问题，党风政风和社会风气发生了全面深刻、影响深远、鼓舞人心的变化。

2015 年 3 月 5 日，全国两会期间，习近平参加上海代表团审议时强调："全面从严治党，是我们党在新形势下进行具有许多新的历史特点的伟大斗争的根本保证。"

就像 2007 年在上海工作时，提出干部管理不能"一干两制"，习近平再次要求上海，要抓住领导干部这个"关键少数"。对于上海市委针对少数领导干部配偶和子女经商办企业的问题正在进行更严格的规范，习近平给予肯定。他要求上海在试点中，按照国家法律和党内法规的规定稳妥实施，在实践中发现问题、不断完善，形成可复制、可推广的成果。

"现在，'关键少数'都变成热词了，就是要抓住领导干部这个'关键少数'。"习近平的这番话，在上海引起了很大共鸣。

两个月后，上海正式出台《关于进一步规范本市领导干部配偶、子女及其配偶经商办企业行为的规定（试行）》。上海在职省部级领导干部和 264 家单位的 1802 名领导干部全部进行了专项申报。到 2015 年 10 月底，对 182 名领导干部进行了规范。

鱼和熊掌不可兼得，当官发财两股道。在上海，领导干部已普遍顺应这一大势，按规范明确实行"一方退出"机制。对于不符合规定的领导干部，由其亲属主动退出经商活动，或干部本人辞去现任职务。

这一制度的实施，在基层干部群众中引起的反响更为热烈。

"干部配偶、子女经商不一定就有腐败，但老百姓的观感很差，对党的威信、政府公信力造成负面影响。"一些基层公务员坦陈，不能让千里之堤溃于蚁穴。

反腐既靠思想自觉，更靠制度约束。作为全国首个"吃螃蟹"的改革，上海这项史无前例的严规，因为触碰到了痛点，一度引发广泛热烈的议论，但改革依然坚定推行，且取得不俗成效，后来逐渐向全国推广。因此，得到了习近平的肯定。

在习近平看来，要深刻把握党风廉政建设规律，必须一体推进不敢腐、不能腐、不想腐，这不仅是反腐败斗争的基本方针，也是新时代全面从严治党的重要方略。不敢腐、不能腐、不想腐是相互依存、相互促进的有机整体，必须统筹联动，增强总体效果。

在 2019 年和 2020 年召开的中央纪委全会上，习近平这样判断反腐大局：

"取得全面从严治党更大战略性成果，巩固发展反腐败斗争压倒性胜利。"

"党的十八大以来，我们探索出一条长期执政条件下解决自身问题、跳出历史周期率的成功道路，构建起一套行之有效的权力监督制度和执纪执法体系，这条道路、这套制度必须长期坚持并不断巩固发展。"

回溯到 2007 年，在上海工作时，习近平高度重视反腐，他一再强调，要进一步堵漏建制，坚持标本兼治、综合治理、惩防并举、注重预防方针，从教育、制度、监督、惩处、改革五位一体上整体加以推进。要切实加强反腐倡廉制度建设，紧紧抓住正确行使权力这个关键，切实形成用制度管权、管事、管人、管物的体制机制。

由此不难看出，他的这些思考与实践，与党的十八大以后的反腐败斗争总体方略高度一致。

发扬钉钉子精神抓落实

习近平在上海工作期间，始终高度重视领导干部作风建设。他强调，干部作风建设是实现上海发展目标的根本保证。

他特别指出，上海的每一个领导干部，必须保持克难攻坚、奋发有为的精神状态，树立求真务实、真抓实干的良好作风，切实增强忧患意识、节俭意识、公仆意识，切实增强机遇意识、大局意识、进取意识、实干意识，努力形成团结奋进干事业的良好局面。

在身边工作人员心目中，习近平同志就是以身作则的楷模。

习近平到上海工作不久，市委办公厅的工作人员就发现，他有一些与众不同的习惯。比如，作为一个地方的主要领导，开会一般掐着点准时到就行了，但他经常会提前几分钟进会场，而其他参会人员看到市委书记已经早早地坐在那里，不仅觉得安心，更是一种无形的鞭策。

另外，他还有一个雷打不动的习惯：办公厅每天报送的材料和简报、当天的报纸杂志，晚上再晚也一定看完再睡觉。

在短短七个多月里，习近平的调研考察马不停蹄。有时候前一天晚上看材料看得很晚，第二天如果是去郊区调研的话，一般都要一早出发，他就会带两个馒头在车上当早餐。

工作人员说，先吃了早饭，推迟点出发吧。他总是说不用，早点出发可以多看点地方。他说："现在已经很好了，在浙江工作的时候，出去调研路程远，有时候午饭也带在车上吃。"

习近平一直十分重视加强农村党建，曾特别指出："除了抓好国有企业、社区、'两新'组织党建工作之外，还要抓好以下两点：一个是农村基层党组织建设，还有一个就是外来人口的党建工作。"他每次去郊区调研必谈党建，强调引导农村基层组织既要重视抓好经济，又要重视抓好党建和村务管理。

2007年6月19日，习近平来到闵行区调研。在上海各区县中，闵行区的综合经济实力排在第二位，仅次于浦东新区。此时的闵行已经从以农村为主体的近郊区，转变为一个生机勃勃的新城区。

习近平深入调研了一批高科技企业、制造业企业和街道社区，对区里的干部说："市九次党代会强调要注重郊区农村发展，你们有能力有条件在统筹城乡发展、破解城乡二元结构方面走在前列，发挥好先行示范作用。"

他叮嘱闵行区委书记孙潮："要想尽办法，通过制度化的方式，反哺农民，关爱外来人口。"

在随后举行的座谈会上，习近平说："闵行区要引导农村基层组织，既要重视抓好经济，又要重视抓好党建和村务管理，特别要重视抓好基层的作风建设，进一步密切党群干群关系。对基层干部，要给予足够的关心和支持，要为他们的工作创造良好条件。"

"刚才我们在古美路街道社区党员服务中心看到，有外来人口党员的咨询和服务，这很好，都是一些新情况下新的工作方式。"习近平又说，"闵行的来沪人员已经达到102万，超过本地人口。外来人口的党建工作肯定也是一个重点，要不断创新工作的方式方法，确保这一群体党建工作的覆盖。"

9月27日，习近平出席了上海市农村党的建设"三级联创"活动工作会议。他提出："要培养好、建设好农村基层领导班子，特别是要结合村党组织换届选举，切实把那些靠得住、有本事、肯带领农民致富、群众公认的优秀人才充实到基层领导岗位，要不断拓展农村干部和人才队伍来源。"

习近平还明确要求："教育广大农村干部大力弘扬求真务实精神，切实增强忧患意识、公仆意识和节俭意识，大兴调查研究之风，深入基层、深入实际、深入群众、深入田间地头和农民家中，体察民情、倾听民意、关注民生，到困难多的地方去解决最难解决的问题。"

这些重要论断回答了加强农村党建的必要性和重大战略意义，是对农村党的建设、基层组织管理的加强、创新和提升，是上海加强农村党建、提升乡村治理水平的宝贵精神财富。

习近平不仅展开密集调研，召开多次座谈会，还经常找干部谈话。他到上海后，马上找市委几位副书记谈话交心。罗世谦当时是分管纪检和统战工作的副书记，有一天应约到习近平住地谈话，他估计要谈一个小时左右，做了一些简单准备。没想到，在汇报时，习近平不断插话提问，谈了整整一个下午。而且，因为罗世谦以前长期做组织工作，习近平还询问了很多干部的情况，特别是年轻干部。"他希望我多说一点，既讲干部的优点长处，也讲缺点和发展方向，谈得很深入。我的感受是，习书记工作做得特别细致，思路很有前瞻性。"

去市总工会、团市委和市妇联调研时，习近平与工青妇机关干部亲切交谈，叮嘱道："面对新的形势，上海各级工青妇组织要把握规律，改进工作体制，改善工作方式，适应新的环境，最大限度地把广大职工、青年、妇女群众团结在党的周围，激发他们的积极性、主动性和创造性，切实维护好他们的权益。"

在市委办公厅，习近平找了副主任以上干部作单独工作谈话，还走到每个处室同每位工作人员握手交谈，非常平易近人。

他常说："对一名党的领导干部来说，首先自己要行得端、坐得正，处处模范带头。但是，仅仅洁身自好、独善其身是远远不够的，还必须抓大政方针、抓保障、抓队伍。"

作为市委办公厅副主任，朱纪华印象最深的是，习近平在工作作风上注重言传身教，使他们受益匪浅。"他对工作十分投入，而且严谨认真，要求也是很高的，但他给我们的感觉是如沐春风。他常常通过润物无声的行动，让我们深受感染，从心里觉得应该向他学习。"

习近平还特别指出，要建立健全领导机制和工作机制，把领导干部作风建设列入党的建设的重要议事日程，从制定规划、组织领导、制度保障、督促检查等方面采取措施，要把作风建设的任务和要求融入领导班子和干部队伍建设的经常性工作之中，要把作风建设纳入党风廉政建设责任制，形成一级抓一级、一级带一级、层层抓落实的工作格局。

"看准了，就要发扬钉钉子精神抓落实。"这是习近平在上海工作时经常说的一句话。

有个细节，引人思考。在上海，习近平把他的组织关系放在了上海市委督查室。

2007年8月20日，习近平以一名普通党员的身份，到市委督查室党支部过组织生活。习近平专注地听大家发言，又同大家亲切交流，对整个督查工作的重点、方法、要求，讲得清晰而全面。

习近平跟督查室的同志们说："任何工作，如果光有决策没有落实，都只是一句口号，必须重视抓落实，重视发挥督查在抓落实方面的重要作用。"

作为上海市委督查室副主任，马咏华参加了那次难忘的组织生活。他说："习书记对督查工作有着深刻而系统的思考，他的语言很生动，当时就说，督查工作看准了就要发扬钉钉子的精神，加以落实。"

对市委办公厅每期督查专报和每月督办工作汇总，习近平都看得很仔细，还曾作过批示表扬，"督办较扎实，效果颇明显"。他十分注重抓工作落实，重视督查工作。他多次指出，要通过督促检查，推动中央和市委的重要决策落到实处；要抓好批示落实，起到小中见大、见微知著、推动全局工作的作用。

按照"事事有着落、件件有回音"的要求，市委督查室认真做好市委领导批示的督促落实工作。根据市委督查室 2007 年 8 月 3 日一项《关于近期习近平同志批示督促落实情况汇报》统计，从 2007 年 6 月下旬至 8 月 2 日，市委督查室共收到习近平批示 37 件，已反馈落实 22 件，正在办理 15 件。而那些正在办理的批示件，也在一个月内全部办结。

按照习近平的要求，市委督查室把市委常委会工作要点全部分解到具体责任部门，明确推进节点，按季度全面汇总工作进展情况。同时，还围绕工作落实中存在的困难和问题开展督查调研，访谈相关负责人和具体责任人员，了解不能落实的深层次原因，并提出供领导决策的建议，发挥了较好的作用。

2013 年 3 月，在全国两会期间，习近平在参加上海代表团审议时，再次强调："各级干部要转变工作作风，牢固树立群众观点，保持奋发有为的精神状态，发扬钉钉子的精神，把转变工作作风和解决群众反映强烈的突出问题结合起来，把群众工作做实、做深、做细，确保群众安居乐业，确保社会和谐稳定。"

而对敢于担当、勤政敬业、勇于直面和解决困难矛盾的党员干部，习近平总是给予充分的肯定。

2014 年 12 月 10 日下午，长期工作在上海司法领域第一线、主要负责上海法院司法改革的上海市高级人民法院副院长邹碧华，工作时突发心脏病，经抢救无效不幸去世，年仅 47 岁。

习近平得知此事后，对邹碧华先进事迹作出了重要批示："邹碧华同志是新时期公正为民的好法官、敢于担当的好干部。他崇法尚德，践行党的宗旨、捍卫公平正义，特别是在司法改革中，敢啃硬骨头，甘当'燃灯者'，生动诠释了一名共产党员对党和人民事业的忠诚。广大党员干部特别是政法干部要以邹碧华同志为榜样，在全面深化改革、全面依法治国的征程中，坚定理想信念，坚守法治精神，忠诚敬业、锐意进取、勇于创新、乐于奉献，努力作出无愧于时代、无愧于人民、无愧于历史的业绩。"

习近平关于邹碧华先进事迹的重要批示，在全社会引起了强烈反响。很多人说，传承邹碧华的精神和力量，是对他最好的缅怀，这将激励每一名党员干部努力守护好自己的精神家园，为中国梦的实现贡献智慧和力量。

有着钉钉子精神的党员干部，当然应该树为典型。习近平在上海工作时，也曾指出另外一面："在一段时间里，对干部的教育，往往是正面教育较多，警示教育较少，教育的震撼力不够。"

这又点到了要害。以往，上海开党风廉政会议，都是请几位正面典型上台发言，对党员干部的触动不够。此后，市纪委开始拍摄"贪欲之害"系列警示教育片，基本上每个发生在上海的贪腐大案，都会被拍摄成反腐警示片，在全市各级党组织进行专题放映，起到了很好的警示作用。

在习近平眼中，上海发展的关键，是要依靠科技、依靠人才、依靠一支能够担当党和人民事业发展重任的干部队伍。其中，科技是第一生产力，人才是第一资源，党的干部队伍是决定因素。

2014 年 5 月，习近平出席亚洲相互协作与信任措施会议第四次峰会后，在上海进行了考察，特地对上海的干部提出更高的要求："上海各级干部要放眼全球、放眼全国，不断提高战略思维、战略把握、战略运作能力，谋发展、创业绩不仅争创国内一流，而且敢于到国际上去比较、去竞争。要力戒浮躁，多用一些时间静心读书、静心思考，主动加快知识更新、优化知识结构，使自己任何时候才不枯、智不竭。"

在抓干部作风中，习近平把文风看得很重，认为这也是党风建设的重要组成部分。他讲话喜欢用接地气的典故和成语，他曾跟市委研究室主任王战说起，当年他到陕西插队，到了之后给父亲习仲勋写了封信，说了自己在那里放羊的情况。"父亲在回信上用红笔帮我改正了错别字，这事给我震动很大，后来每天放羊都随身带一本《新华字典》学习。"

王战后来跟研究室的同志讲了这件事，他说："这是习书记在给我们提要求，让我们一定要加强学习。"

身边工作人员都还记得，习近平每天的阅读量很大，而且看到有意思的东西就会转给他们。有一次，习近平看到《解放日报》上有篇短文，写的是诸葛亮在《知人性》中谈到知人之道有七道：间之以是非而观其志，穷之以辞辩而观其变，咨之以计谋而观其识，告之以祸难而观其勇，醉之以酒而观其性，临之以利而观其廉，期之以事而观其信。他批给市委研究室，说可以在起草党风廉政建设文稿时引用。

在 2007 年 8 月召开的全市党政负责干部大会上，他说到要加强干部考察和监督时，就引用了诸葛亮的"知人七道"，生动简洁，起到了很好的效果。

多年后，上海的干部每谈及习近平对上海党建的关注，都很感慨："习近平同志在上海工作时间不长，始终高度重视党的建设，进一步强调了上海在党的历史上的地位。中国共产党诞生在上海，第一部党章也诞生在上海，这是我们这座城市的光荣与骄傲，也意味着我们特殊的责任与使命。"

二、大棋局中，上海怎么摆

2007 年初春的上海，有两道关键题摆在习近平面前。

第一道：

2006 年 9 月，中央决定对时任上海市委书记陈良宇涉嫌严重违纪问题立案检查。这半年来，上海市委一方面全力支持配合中央工作组的查案工作，另一方面加强领导，狠抓落实，保持了全市各项工作的有序推进。

但此时，社保资金案的查处还在进行中，有些党员干部的精气神不足，在工作中出现畏难情绪和松懈状态。有些干部出现了"怕干事"的情绪，甚至私下里说，要"干净"就要少"干事"。如何统一思想、振奋精神、凝聚信心，是上海不负中央嘱托，继续攻坚克难的重中之重。

第二道：

此时的上海，正站在经济连续 15 年两位数增长的平台上，分析国内外形势，上海已具有较好的发展基础，还有举办世博会等重大机遇。发展的道路上充满希望和机遇，但也交织着压力和挑战。上海该如何抓住新的重大历史机遇，实现经济社会又好又快发展？

这两道题都不好答，需要从战略高度、以非凡智慧来破解。

习近平的选择是：强调使命意识——以使命意识统一全市干部群众的思想；强调发展意识——以发展意识提振全市干部群众的

精气神。

而其中的核心是，在全国的大格局中，上海怎么认识自我，究竟把自己摆在什么位置上。习近平特别强调的是，上海一定要认真学习领会中央的精神，充分认识上海在全国发展中的重大历史使命。

习近平多次在重要场合告诫上海的党员干部："我们上海要不辱使命！"

在国家战略下思考行动

2007 年 5 月 24 日，对上海而言，是一个大日子。

不仅因为上海市第九次党代会在那天开幕，而且当天，党代表和市民们第一次从习近平的口中，听到了他对未来上海发展定位的提炼与概括："我们必须把上海未来发展放在中央对上海发展的战略定位上，放在经济全球化的大趋势下，放在全国发展的大格局中，放在国家对长江三角洲区域发展的总体部署中来思考和谋划。"

这"四个放在"，是中央的要求、时代的呼唤、人民的意愿，更是庄严的政治使命。这也是习近平留给上海的宝贵精神财富。随着时间的推移，上海的干部和群众，对于这笔精神财富所蕴含的无比丰厚的历史价值和现实意义，有了越来越深刻的认同、体悟，内心生发出深深的感佩。

如果梳理一下习近平担任上海市委书记期间的足迹，可以发现，他的调研工作范围很广，不仅走遍上海 19 个区县，还去了不少单位、部门，更重要的是，他去调研的地方，都经过精心选择，有一根主线非常清晰——与中央对上海的要求、与国家战略在上海实施相关的点，他一定要去走一走、看一看。

2007 年 3 月 31 日，担任市委书记仅一周的习近平，来到浦东新区——这里，是他开启全市 19 个区县调研的第一站。

习近平来到浦东新区展览馆，仔细观看一张张珍贵的图片，了

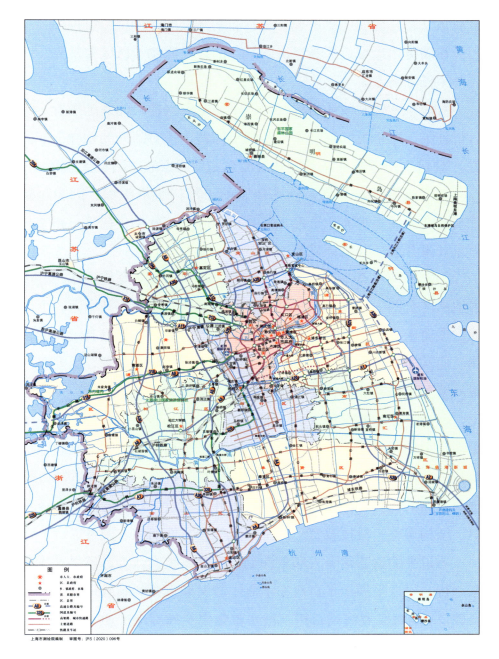

上海市全图（2007）

解浦东开发开放的历史进程，观看浦东开发的沙盘图、航拍图……当天在展览馆给习近平当"讲解员"的，是浦东新区区委常委、区委办主任陈高宏。

对浦东开发开放的历程，习近平非常感兴趣。他边走边看，听得很仔细，还不时问陈高宏一些细节问题。他对陪同的领导干部们说："要进一步深刻认识开发开放浦东这项国家战略的重大意义。"

对习近平的这句话，浦东新区的干部们感触很深。因为包括陈高宏在内的不少浦东干部，都是从 20 世纪 90 年代初就一路参与浦东开发开放，并见证其高速发展的"新上海人"。

大家回应习近平的提问，都表示：浦东乃至上海的工作，要更多地从"全国一盘棋"的角度出发。上海的发展离不开全国，上海的发展要依靠全国，没有中央及兄弟省市的支持，就没有上海的发展。而从另一个角度来看，上海的发展更要为全国服务，更要坚持服从服务于国家战略，要想国家之想、急国家所急。

习近平鼓励浦东新区的干部们，在平时开展工作的过程中，要更强化主动服务兄弟省市的意识，进一步密切浦东新区与周边区县及长三角的联系，还要更主动地利用信息、资金、技术、人才、管理等方面的优势，为中西部地区提供开发建设、规划管理、企业重组、结构调整、科技教育、经济信息等多方面的综合服务。

习近平的这番话令人印象深刻，后来不少人认为，正是这次浦东之行，习近平展示了自己在上海主政时期重要的施政理念和工作突破口：上海既要海纳百川，进一步集聚全球高端产业、高能级生产要素等，更要加强辐射、更加注重"走出去"，带动不同地区整合与共同发展。

"四个放在"的核心，就是上海的发展必须有全局意识，这是习近平的重大关切。

"上海是全国的上海，上海要更加坚定地在国家战略下思考和行动。上海的发展绝不可能独善其身，上海的发展也绝不可以独'惠'其身。"习近平的这番话，是说给上海干部听的，也是说给上海市民听的——凡是国家战略要求的，上海都要勇于担当、主动担当。

有一个词，当时上海干部用得很频繁，那就是"依托"。这或许也是认识上的一种改变——上海之所以有现在的地位，外商之所以越来越看好上海，并不仅仅由于上海一个点的魅力，更主要的是上海能依托周边经济发达、市场活跃的城市群。也就是说，"腹地越深越广，上海才越有活力"。

尽快建成国际经济、金融、贸易、航运四个中心，这是当时中央交给上海的国家战略任务，也是上海多年来努力想要达成的心愿。2007年，一些提法的改变，让其他省市增强了协同发展的信心。

以宏观的合作商谈为例，上海的提法是，合作"既要考虑自己的利益，也要考虑对方的利益，甚至要更多地照顾对方的利益"。

以微观的航运中心建设为例，上海主动提出，抓紧研究上海港与苏浙两省港口群联动发展，"上海如果仅靠提高吞吐量，很难真正建设成为国际航运中心"，要"大力发展航运服务业，与兄弟省市有所错位"。

越来越多的迹象，都在表明2007年的同一个事实：上海正进一步敞开大门，依托各地各方力量来共建"四个中心"的大业；同时，又在通过这个建设过程，与长三角、与长江流域、与全国一起共享"四个中心"的发展平台。

2007年5月24日,习近平在参加市第九次党代会市级机关第一小组讨论时,说了一段耐人寻味的话:"我们要以历史的眼光、发展的眼光和广阔的视野,深刻认识上海所肩负的重大历史使命,紧紧抓住上海发展面临的重大历史机遇。"

他又着重强调:"上海必须抓住重大历史机遇,为全国改革开放和现代化建设作出新的更大贡献。"

当时摆在上海面前的,有哪些"重大历史机遇"?习近平提出有四大机遇:举办2010年上海世博会、浦东综合配套改革试点、中央进一步推进长三角地区改革发展、上海国际金融中心和国际航运中心建设加快。其中,举办世博会被放在了第一位。

习近平到上海工作时,正值上海世博会筹办的关键时期。他明确提出:"上海一定不能把世博会看成只是上海一地的事情,而要作为一个服务全国的契机和平台。"当时,上海世博会事务协调局向他汇报工作时,提出了五个"共":机遇共抓、资源共享、主题共演、活动共办、声势共造。习近平听后,表示充分肯定。

2007年8月,上海世博会迎来开幕倒计时1000天,习近平接受了人民日报社、新华社等中央媒体的采访。他再次强调:"举办世博会是国家行为,是上海实现科学发展的重要契机,上海将牢牢把握住机遇,全力以赴创造更好条件,搭建更大平台,在更广范围内、更高层次上放大世博会效应,与兄弟省区市一道共享世博会带来的发展机遇和成果,力争让上海世博会成为一个历史性的标志。"

当时,洪浩是上海世博会事务协调局局长,他说在上海世博会筹办过程中,习近平始终提倡开放办博、开门办博。"习书记反复关照我们，要把筹办世博，放到中国经济发展大局、长三角发展大局中考量。"

2007年4月9日，习近平第一次专程到世博局调研。作为上海世博会执委会专职副主任、上海世博会事务协调局党委书记，钟燕群全程陪同。习近平视察了整个园区工地后，对她和世博局其他负责人说："我跟大家一样，对我们国家能够举办这样一个世界性博览会感到欢欣鼓舞，上海一定要把世博会的筹备工作，作为最重要的历史机遇。"

习近平深入分析了举办世博会的意义："上海世博会的主题是'城市，让生活更美好'，这与人民群众的根本利益紧密相关，与党和政府的执政理念十分吻合。上海世博会的主题，是上海深入贯彻落实科学发展观的抓手，是推动发展的契机。上海要牢牢把握住机遇，充分利用机遇，把各项工作做得更好，让上海人民的生活更加美好。"

"我做了一个粗略统计，习书记在上海工作期间，在公开的会议活动中专门谈到世博会至少13次。"钟燕群说，"习书记还提出，要把今后五年都和世博会筹办、举办和后续效应的发挥连在一起，因为它实际上是一次'经济奥运会'。"

"四个放在"强调了上海必须要有大局意识，那么在全国这盘大棋局中，上海应该让自己具体处在怎样的位置？

对此，习近平在上海工作期间就有判断和论述。在2007年5月18日的上海市委常委会上，他说了"三个必须"："必须综合考虑、统筹把握各种机遇，进一步放大效应、形成联动，努力实现上海发展质的飞跃；必须发挥区位优势、比较优势，以有所为、有所不为实现大有作为；必须以全局的眼光、战略的眼光，融入全国、服务

2007 年 4 月 9 日，习近平调研世博会筹备工作

全国，推动全国改革开放和现代化建设事业。"

到中央工作后，习近平更是不断对上海提出更高的要求和目标。

2013年3月5日，习近平担任总书记后第一次参加全国人大上海代表团的会议。在会上他明确提出："希望上海的同志立足全局、突出重点，深入探索中国特色、时代特征、上海特点的科学发展之路，当好全国改革开放排头兵、科学发展先行者。"

两年后的春天，习近平在同样的场合，对上海提出了新要求："继续当好全国改革开放排头兵、创新发展先行者，为全国改革发展稳定大局作出更大贡献。"

因为在习近平眼中，创新是引领发展的第一动力。"抓创新就是抓发展，谋创新就是谋未来。适应和引领我国经济发展新常态，关键是要依靠科技创新转换发展动力。"

2018年11月，习近平在上海考察时要求："上海继续当好全国改革开放排头兵、创新发展先行者，勇于挑最重的担子、啃最难啃的骨头，发挥开路先锋、示范引领、突破攻坚的作用，为全国改革发展作出更大贡献。"

这一次，习近平对上海在全国大局中的地位，作了更鲜明的概括："上海在党和国家工作全局中具有十分重要的地位，做好上海工作要有大局意识、全局观念，在服务全国中发展上海。"同时，他给上海布置了五大任务：更好为全国改革发展大局服务，推动经济高质量发展，推动改革开放向纵深发展，深化社会治理创新，提高党的建设质量和水平。

可以看出，习近平对上海的定位，就是"排头兵"和"先行者"。

对这座城市而言，总书记的这次上海之行具有里程碑意义——明确定位、赋予使命、勾画蓝图。上海新一轮的奋斗，由此展开。

而其核心，是十多年前习近平在上海工作时提出的"四个放在"。这是上海通往建设现代化国际大都市的路上一切工作的基点。

当年，习近平再三强调，上海发展"绝不可能独善其身，也绝不可以独'惠'其身"。如今，"跳出上海看上海，立足全局看上海，在服务全国中发展上海"，已成为上海干部的一个重要方法论。

上海的干部从内心深处认可一个道理：上海从来不是靠"自娱自乐"发展的，门开得越大，服务全国的意识越强，自身的发展才会越快；上海之所以被称为"大上海"，之所以成为全国最大的经济中心城市，就在于上海能够为全国服务，为全国作贡献。

服务长三角是必然要求

担任上海市委书记后，习近平就策划了"苏浙之行"。

对于考察路线，习近平亲自谋划确定。当杭州、宁波、嘉兴、南京、无锡、苏州、昆山等各站基本确定后，习近平提出："加一站义乌。"

2007年7月下旬，习近平一行结束杭州考察后，上海市党政代表团顶着烈日，驱车130多公里前往义乌，参观全球最大的小商品市场。

实地走访后，很多干部方才明白了习近平的用心。义乌曾经是

2007 年 7 月 25 日，习近平率上海代表团乘船考察南京外秦淮河整治工程

浙江中部交通最不方便、经济最不发达的地区之一，可是他们"无中生有""莫名其妙"的发展模式，竟然大获成功，确实令人称奇。上海的干部感悟到："习书记是想让我们亲身体验一下，来学习这种不抱怨客观条件的自强不息的进取精神。"

一路上，上海的干部讨论热烈，说得最多的是"山外有山、天外有天"。不少干部说，这次到苏浙两地的考察，让"长三角联动"这几个字真正印进了他们的心里。

事实上，在上海工作期间，习近平曾在多个场合谈及长三角联动发展和具体的工作举措，而这次考察则给了大家更感性的认识：海纳百川，上善若水，上海才能成为上海。

7月26日，代表团结束了"苏浙之行"。从江苏回到上海后，代表团却没有解散，所有人直接回到上海市委接着开会。在这个趁热打铁的考察总结会上，习近平希望大家取经苏浙、学人之长、创己之新，他特别强调："苏浙两地干部强烈的机遇意识和进取精神，值得上海学习借鉴。"

一周后，在上海市委常委会上，习近平又专门听取上海代表团赴浙江、江苏的考察汇报。他把上海服务长三角的意义进一步说透了："服务长江三角洲是服务长江流域、服务全国的基础，是增强经济中心城市带动辐射功能的必然要求，是上海在国家实施长江三角洲区域发展总体战略中发挥表率作用的必然要求，也是增强上海城市国际竞争力的必然要求。"

这是习近平立足于国家战略的思考，也是对当时上海发展态势的研判。2007年，作为我国最大的经济中心城市、工业城市和港口城市，上海已经走到了一个关键的发展阶段。

从国际形势看，经济全球化浪潮席卷全球，使得全球生产要素流动和国际产业转移加快，国际产业结构纷纷朝着技术、知识、服务密集方向发展。作为改革开放的前沿城市，上海要全面参与全球竞争、提高城市的国际竞争力，机遇前所未有，挑战也同样严峻。

从国内区域发展的总体战略看，上海在长三角具有举足轻重的地位。放眼未来谋划新一轮发展，上海该如何乘势而上、迎难而进，按照中央对上海的要求，加快推进"四个率先"，使上海的经济社会发展跃上一个新的台阶？

对于上海和长三角的关系，习近平打过一个比方："一个中心城市的形成，既是各种资源要素集聚的结果，同时又靠服务、辐射、带动周边地区来巩固。就像人的心脏一样，血脉越广，供血越足，心脏的搏动就越有力，这就是通达，通了才能达。"

2007年5月15日，国务院在上海召开长三角地区经济社会发展座谈会。在这次会议上，习近平明确表示，要坚持把上海的发展放在中央对上海发展的战略定位上，做到"四个放在"，进一步加快推进"四个率先"。

习近平还提出，上海进一步推进长三角区域协同发展，可以概括为八个字：深化、放大、提升、搭台。深化，是指深化长三角的全方位、深层次合作交流；放大，是指放大长三角地区的协同发展效益；提升，是指提升长三角区域交流的层次和水平；搭台，是指积极主动搭建各种平台。

会上，习近平说得很客气，说是提一些想法，但实际上，与会者都明显感受到，这八个字所具有的战略价值和深远意义。

后来，在一次上海干部大会上，习近平谈到推动长三角发展时，又特别加了一句："我们必须不辱使命。"

2007年春夏之后，上海与全国各地的合作交流堪称好戏连台。上海市党政代表团从浙江、江苏两省学习考察归来后，浙江、天津、吉林等地代表团来沪访问。同时，苏浙沪两省一市，还联合签署了共建长三角科技资源共享服务平台协议。

作为上海市政府合作交流办公室主任，林湘最难忘的是，2007年6月21日，习近平和兄弟省区市驻沪办负责人的一次座谈。

本来，每年这样的沟通座谈是惯例，一般由市政府合作交流办出面。但是那一回，习近平提出要亲自主持并听取意见。那天从下午一直谈到晚上，各省区市驻沪办主任踊跃发言，习近平从头到尾认真倾听，并在最后作了讲话。

从这一年开始，新的工作机制产生了。每年由市委主要领导直接听取兄弟省区市驻沪办的意见，并协调相关工作。不仅如此，每年市政府的工作报告在提交人大审议之前，还要给各省区市驻沪办负责同志看一下，听取他们的意见和建议，这成了一个规定动作。

作为这次座谈会的另一个重要成果，2007年7月7日，上海印发《关于进一步加强国内合作交流工作的若干政策意见》。从上海加强合作交流工作的基本原则，到上海如何积极参与国内跨区域合作、如何突出重点扎实做好对口支援工作等，方方面面都讲到了。直到今天，这份对上海市合作交流与对口支援工作"定调"的文件，仍有很强的指导意义。

习近平在上海期间多次强调，各级领导干部做好合作交流和服务全国的工作，是上海立足全国大局、推动区域协调发展的重大政

2007 年 5 月 15 日，习近平出席在上海召开的长三角地区经济社会发展座谈会

治责任，也是顺应经济发展规律、在更高起点上实现上海更大发展的战略选择。

对长三角联动，习近平不仅站得高、望得远，还见得早。

2002年底，刚刚出任浙江省委书记的习近平，在湖州调研时就提出："浙江要积极参与长三角地区合作与交流。"在他看来，这既是中央的要求，也是经济发展的必然趋势。

在紧接着于2002年12月召开的浙江省委全会上，习近平指出，加快浙江发展必须"抓住以上海为龙头的长江三角洲迅速崛起的机遇"。

一个月后召开的浙江省两会上，当时还兼任代省长的习近平在政府工作报告中明确提出："以杭州湾地区为先导，主动接轨上海，从基础设施和信息化建设、产业分工、能源开发利用、环境保护等多方面进行合作，积极推进长江三角洲地区经济一体化发展。"

2003年3月下旬，习近平率领浙江省党政代表团到上海、江苏考察访问，与两省市领导共谋发展大计，与上海市签订了《关于进一步推进沪浙经济合作与发展的协议书》，与江苏省签订了《进一步加强经济技术交流与合作协议》。代表团返回的第二天，浙江省委召开工作会议，就"接轨上海、参与长三角合作"作出专题部署。以此为标志，浙江省拉开新一轮接轨上海、参与长三角合作的序幕。

在那次考察途中，人民日报记者采访了习近平。后来发表的稿件是这样描述的："浙江省委书记习近平率领的浙江省党政代表团，离开上海之后连日奔波于苏南各地考察访问。3月24日晚他接受记者采访时，尽管已近子夜时分，依然情绪昂扬，与记者侃侃而谈，道出浙江主动接轨上海、积极参与长江三角洲地区合作与交流的认识与设想。"

习近平在这次采访中说："接轨上海，就是接轨机遇，接轨发展，接轨国际化和现代化。在这个问题上，谁认识清、起步早、行动快，谁就能抢占先机，赢得发展。沪苏浙三省市的领导都有这方面的共识，这对于有力促进三省市的经济合作与交流，必将起到积极的作用。"

值得一提的是，在此次考察中，习近平与上海市领导交流时，还对上海这位近邻有一番透彻的观察："随着浦东的开发开放、经济全球化浪潮的掀起、中国加入世贸组织和上海成功申办 2010 年世博会，上海越来越成为外商和国内资本蜂拥而至的热土，成为国际商业组织和机构进入中国的'桥头堡'，成为周边地区乃至中国经济通向世界的重要窗口。"

当时就有上海的干部感慨，浙江的书记对上海的研究，超过了不少上海的干部。

近 20 年来，习近平无论在地方还是在中央工作，都对长三角一体化发展高度重视。担任总书记后，他更是亲自谋划、亲自部署、亲自推动这项重大战略举措，并将其提升为国家战略，为高水平打造长三角世界级城市群指明了方向。

2020 年 8 月 20 日，习近平在合肥主持召开扎实推进长三角一体化发展座谈会。他强调，面对严峻复杂的形势，要更好推动长三角一体化发展，必须深刻认识长三角区域在国家经济社会发展中的地位和作用。

这几年来，在习近平的亲自谋划和推动下，人们越来越意识到这片土地所蕴含的实力、潜力与创造力。这里用仅占全国 1/26 面积的土地、约 1/6 的人口，创造出近 1/4 的经济总量。

这里更是中国东部向海而生的开放空间，并坐拥中国最为庞大、放到世界也居前列的城市群。这里得天独厚的区位、基础与禀赋，特别是数十年来积淀而成的改革优势、开放优势、创新优势、人才优势，让人们对未来拥有无限憧憬。

面对沪苏浙皖和中央相关部委的负责人，习近平此番特别叮嘱，实施长三角一体化发展战略，"要紧扣一体化和高质量两个关键词"。

"一体化"，显然不是一道简单的加法。在空间的连通、规模的叠加之外，长三角更需要做的，是通过内在机制的相互融合、各自优势资源的充分对接，实现"1+1+1+1>4"的效果。畅通循环，就是其间的关键所在。

促进"大循环""双循环"，长三角既是一个从点到面带动发展的引擎，某种意义上也是一个重要的样板。对长三角而言，要真正成为国内国际"双循环"的战略链接，并为全国构建新发展格局探索路径，作出示范。

"高质量"，则道出了推进长三角一体化发展过程中的始终遵循。要实现"1+1+1+1>4"，除了需要在"+"号上做文章，也需要在每个"1"上做文章，需要提升各个地区、各个环节、各个领域的发展含金量，摒弃一切粗放发展路径。

某种程度上，2020 年的特殊环境、服务和融入新发展格局的迫切要求，倒逼着长三角各地坚持走一条更高质量的发展之路——

我们会更真切地认识到深化改革的必要性、坚持开放的必要性、矢志创新的必要性，认识到创新发展、协调发展、绿色发展、开放发展、共享发展的必要性。

习近平嘱咐大家："长三角一体化发展不是一日之功，我们既要有历史耐心，又要有只争朝夕的紧迫感，既谋划长远，又干在当下。"

正如习近平 2007 年在上海工作时所强调的，上海的干部群众正自觉把服务长三角放在突出位置，发扬时不我待、只争朝夕的精神，加强合作交流。

浦东的关键是探索一条新路

作为中国对外开放的窗口，浦东总是引人注目。

在上海工作期间，习近平不仅深入浦东考察调研，还主持市委常委会，听取浦东新区区委、区政府关于浦东综合配套改革试点工作情况的汇报。

"浦东已经成为我国改革开放的窗口和现代化建设的缩影，也带动整个上海实现了历史性大跨越。"习近平在这样评价浦东的同时，也为浦东进一步深化开发开放确定了战略指向，"不仅是建设一个新城，更是在探索一条新路。"

2007 年的浦东在开发开放的实践中，在制度创新方面有不少新的探索。比如，浦东率先实现了土地、资金、技术、劳动力等要素的市场化。

习近平明确指出："改革开放是发展的根本动力，上海有责任继续当好改革开放的排头兵。深入推进浦东综合配套改革，着力完善社会主义市场经济体制，着力转变政府职能，着力改变城乡二元结构……"

3月31日下午，习近平考察浦东的行程安排得非常密集。在这个中国对外开放的最前沿，从一个调研点赶往下一个点，争分夺秒地多听、多看。一路上，他不断告诫各级干部，要按照党中央、国务院的要求，坚持高举浦东开发开放的旗帜，全面推进浦东各项建设。

在驱车前往全国首个保税区——外高桥保税区的路上，习近平在车上听取情况汇报。

"外高桥保税区地处浦东高桥，是1990年国务院批准建立的第一个保税区。"外高桥保税区管委会副主任仲伟林向习近平汇报，十多年来，保税区已累计吸引外资近1000亿美元，有1000多家中外企业在此投资经营，其中外资企业占到80%。

习近平一边听，一边详细询问细节问题。

很快，车到外高桥保税物流园区。这是浦东新区和上海港务集团区港联动的典型案例，当时规模居亚洲第一。习近平在园区边看边问："物流园区的建设情况怎样？有哪些区港联动的举措？"

外高桥集团党委书记、总经理舒榕斌向习近平介绍了园区的建设情况，以及在电子口岸等区港联动方面的创新举措，"目前，外高桥保税物流园区已经形成了国际采购、国际配送、国际中转和中转贸易四大功能"。

习近平听后表示："'十一五'是上海国际航运中心建设取得重大突破的关键时期，要充分利用航运中心带动物流、资金流，促进对外贸易、国际金融业务的开展，整体促进'四个中心'建设。"

习近平的这些要求，对物流园区的发展产生了重要的引导作用。舒榕斌透露："那以后，物流园区逐步形成了国际采购企业组团、转口贸易企业组团和国际配送企业组团的新格局。"

六年后，2013 年 9 月 29 日上午，一场隆重而朴素的揭牌仪式，就在习近平考察过的外高桥保税区举行。那天晚间，世界各大媒体记者彻夜守候。最终，他们见证了中国首个自由贸易试验区的诞生，也等到了中国第一份外商投资准入负面清单的落地。

这是顺应全球经贸发展新趋势，更加积极主动对外开放的重大举措。更重要的是，开放能倒逼改革，加快政府职能转变，探索政府经贸和投资管理模式创新，促进贸易和投资便利化。显然，这有利于培育我国面向全球的竞争新优势，构建与各国合作发展的新平台，拓展经济增长的新空间，打造中国经济"升级版"。

从那时起，一颗全面深化改革的"种子"，在上海自贸试验区这块国家试验田里不断生长。一股面向太平洋、面向全球的开放型经济体制建设浪潮铺展全国，影响世界。

对于这样一颗"种子"，习近平倍加爱护。2013 年后，他或在全国两会，或在深改组（委）的会议上，或在上海考察时，或在各种批示中，不断对上海自贸试验区建设提出明确要求和指示。

2014 年 3 月 5 日下午，习近平来到人民大会堂上海厅，与参加全国人大会议的上海代表亲切握手、互致问候。当年的政府工作报告提出要建设好、管理好中国（上海）自由贸易试验区，形成可复制可推广的体制机制，并开展若干新的试点。这让上海的代表们十分振奋，发言中纷纷表示："在新的一年，我们要全力以赴，建设好、管理好上海自贸试验区。"

大家发言时，习近平插话询问："现在在自贸区注册的企业有多少家？"得到的回答是："6000多家，其中10%是外资企业。"

看到自贸区开局良好、运行有序，习近平表示肯定，并进一步提出要求："自贸区建设就是要建成制度创新的高地，做到可复制可推广，而不是政策洼地，要种苗圃而不是做盆景。"

一时间，"种苗圃不做盆景"成了上海的流行语，也成为上海自贸区发展建设的座右铭。

两个多月后的5月23日下午，自贸区外高桥综合服务大厅里，36个服务窗口一如既往地忙碌。突然，人群中有人欢呼："总书记好！总书记好！"只见习近平微笑着步入办事大厅，人群不断围拢，大家高高举起手机，纷纷记录下这个时刻。

习近平详细听取自贸区总体情况介绍，得知自贸区运行以来，已经聚集了1.6万多家投资企业、28万从业人员，初步形成了30多项可复制可推广的改革事项，习近平很高兴。他来到工商、海关、检验检疫等窗口，和工作人员以及正在办事的企业人员交流。

工商局工作人员汇报说："在企业设立上，自贸区实行一口受理制，原来要跑4个部门才能办下来，现在只要一个窗口就能解决，29个工作日缩短到4个工作日。"习近平一边察看企业证照，一边说："方便了，效率提高了。"

在海关和检验检疫窗口，习近平仔细询问已经出台的创新举措，特别关注这些举措是否可复制可推广。他拿起检验检疫政策宣传小册子，饶有兴趣地一页一页翻看。年轻的工作人员说："我们用漫画来解释政策，还推出了二维码，建立了微信服务平台，期待您也关注。"

这话引得习近平和大家一起开怀大笑，他说："你看负责的领导们都在这里了，大家都要关注。你们这个服务很有创意，动脑筋、有责任心。"

在这次深入调研中，习近平再次告诫上海的干部：上海自由贸易试验区是块大试验田，要播下良种，精心耕作，精心管护，期待有好收成，并且把培育良种的经验推广开来。希望试验区按照先行先试、风险可控、分步推进、逐步完善的原则，把扩大开放同改革体制结合起来，把培育功能同政策创新结合起来，大胆闯、大胆试、自主改。

2015 年 3 月 5 日，习近平再次来到全国人大上海代表团参加审议，自贸区建设依然是重要话题。

除了肯定自贸区过去一年的改革成果外，他还提出了诸多新期望，要求在自贸区扩围的新机遇下，上海更要在开放促改革方面继续走在前列。

"惟改革者进，惟创新者强，惟改革创新者胜。"习近平的这句话特别掷地有声。

2017 年 4 月 1 日，辽宁、浙江、河南等 7 个自贸试验区挂牌。这是继两年前，广东、天津、福建 3 个新增的自贸试验区挂牌后，自贸区"朋友圈"再次扩容。

2013 年 9 月 29 日那个初秋的早晨，站在微雨中等待的人们，对自贸区是干什么的，并不是全都明了。"这里有优惠政策吗？有没有免税店?"这些是人们问得最多的问题。

如今,人们耳熟能详的是,"这里是国家的试验田,不是地方的自留地;这里是制度创新的高地,不是优惠政策的洼地;这里是种苗圃,而不是做盆景"。从一开始,可复制、可推广就是习近平的要求和期待。

上海自贸试验区成立之初,曾有人将其喻为改革开放初期的蛇口。最初只有两平方公里的蛇口,像一个小小的支点,撬动了后来全国各地的高速发展。人们进一步的评论是:这里会不会成为撬动中国新一轮改革开放的支点?

时钟再拨回到 2007 年。

围绕着"着力转变政府职能、着力转变经济运行方式、着力改变二元经济与社会结构"这三项中心任务,浦东综合配套改革试点正在深入推进。

对此,习近平在市第九次党代会的报告中,就明确指出:"以浦东综合配套改革试点为契机,坚定不移地推进改革开放。"

在一系列考察和会议上,他要求浦东新区找准改革方向、把握改革重点、布局改革规划,为加快推进上海"四个率先"、加快建设"四个中心"和社会主义现代化国际大都市注入强大动力,为全国的改革开放探索新路、积累经验、提供示范。

当时,"准、通、透"是浦东政府职能转变的关键词。

准,就是找准政府定位,转变职能。政府究竟干什么? 浦东的答案是社会管理和公共服务,新区 12 个街道办事处全面退出招商引资的舞台,干部集中精力抓社区公共服务。

通,就是融通监督机制,提高效能。浦东为此实施"效能促进工程"，对政府部门进行效能评估，对行政过错案件启动问责程序，对公权制约的"紧箍咒"作用初步显现。

透，就是增加透明度，实行阳光政务。浦东制定重大行政决策公开透明的办法、街道财力安排听取社区居民意见的办法等一系列规章制度，努力使行政权力在阳光下运行。

通过政府职能转变和对传统增长方式的突破，浦东从实践中找到了转变经济运行方式的抓手：让各种经济要素在这里聚起来、流起来、跳起来，在更高的起点上实现新跨越，创造新繁荣。以金融为例，金融要素聚、流、跳的结果，使浦东成为上海国际金融中心建设的重要标志。

当时的浦东只有1%的农民还在从事农业生产，农村居民收入的九成以上来自非农产业。但城乡二元的分割并不仅仅体现在身份上，改变这种结构，必须从打破机制体制障碍入手，探索城乡就业、保障、教育、医疗和社区管理、基础设施建设一体化的发展机制。

对于浦东的综合配套改革试点，习近平说过一段引人深思的话："改革越往深处走，越会碰到许多深层次矛盾和问题，就越需要解放思想、与时俱进，就越需要综合配套、循序渐进。要找准关键、敢闯敢试、勇于创新。只要是符合国家法律和政策、只要是为了工作和群众利益，就要鼓励大胆试、大胆闯。要虚怀若谷、兼收并蓄，善于学习其他地区改革开放中的新鲜经验，切实做到视野更宽、思路更新、看得更远、想得更深。"

十多年后，站在全国看上海，不仅浦东的改革在深入推进，整个上海也有着越来越多的"试点"。从自贸区、科创中心、国企改革、分类综合执法改革、司法改革、高考改革，到规范领导干部配偶子女经商，再到群团改革，上海的改革正"由点成片"，已成为名副其实的全国改革"试验田"。

中央把许多先行先试的机会交给浦东、交给上海，是一种信任和期待。一方面，上海在过往的改革中，积累了不少经验，具有进一步深化改革的基础；另一方面，由于经济发展得比较快，体制机制方面的矛盾也暴露得更早一些。更重要的是，上海在全国的功能定位，决定了先行先试就是上海义不容辞的责任。当然，这座城市愿意接受新事物、新理念，这也是当好全国改革创新"试验田"不可或缺的气质。

既然是"试验田"，就要求上海的一切工作，像习近平嘱托的那样，既要立足上海，更要多算国家账、战略账、长远账。

所以，上海市委领导反复强调："凡是有利于国家利益、大局发展的工作，我们要毫不迟疑地做，坚持不懈地抓；凡是中央确定的战略谋划、布局和任务，我们要主动承接、积极参与、自我加压；凡是符合创新、协调、绿色、开放、共享发展理念的事，我们要勇于率先探索，乐于做打基础、育人才、建机制、造环境的活。"

2018年11月，习近平又一次来到上海，出席首届中国国际进口博览会并考察上海。整整四天里，习近平向全世界推介了上海"开放、创新、包容"的城市品格，也向全世界宣布：增设中国（上海）自由贸易试验区的新片区、在上海证券交易所设立科创板并试点注册制、支持长江三角洲区域一体化发展并上升为国家战略。

习近平把这三项新的重大任务交给了上海，就是要求上海继续站在改革开放的最前沿，为"万有引力中国场"打开一扇充满活力的窗口。

九个月后，中国对世界的承诺如期而至。2019 年 8 月 20 日，中国（上海）自由贸易试验区临港新片区，迎来正式揭牌的历史时刻。从此，一个具有较强国际市场影响力和竞争力的特殊经济功能区，一座面向全球、面向未来，拥有高端资源要素配置功能的现代化新城，阔步走向未来。

这不是简单的面积扩大，而是根本的制度创新，是深化改革开放的再升级。在贸易保护主义持续蔓延的时刻，中国开放再度加码，不仅推动国内经济高质量发展，也将为世界经济发展注入信心和活力。在这一过程中，临港新片区将成为当仁不让的"王牌"。

与以往自贸区相比，同样位于浦东的新片区有明确的、更高的定位，有更丰富的战略任务，更加突出了产业发展等新特点。上海自贸试验区其他片区是明确打造"国际高标准自由贸易园区"，而临港新片区则强调，要打造"更具国际市场影响力和竞争力的特殊经济功能区"。

新片区挂牌不到三个月，2019 年 11 月初，习近平再一次考察上海。他非常关注临港新片区的发展，特别强调：临港新片区要"努力成为集聚海内外人才开展国际创新协同的重要基地、统筹发展在岸业务和离岸业务的重要枢纽、企业走出去发展壮大的重要跳板、更好利用两个市场两种资源的重要通道、参与国际经济治理的重要试验田，有针对性地进行体制机制创新，强化制度建设，提高经济质量"。

这"五个重要"，道出了打造临港新片区背后的战略用心，也正是"特殊经济功能区"的关键内涵所在。这是中央交给上海的特殊使命，也是上海作为经济中心城市和"排头兵""先行者"应当承担起的特殊探路使命。

作为新时代的特殊经济功能区，上海自贸试验区也在进一步诠释上海在改革开放征程中的初心、使命与担当——在没有路时，"闯"出一条路、"创"出一条路；在国家需要时，全力做好那些非做不可、非上海做不可的事；在风浪考验中，代表中国，发出清醒而坚定的声音。

到中央工作以后，习近平一直非常关注浦东，在关键节点上为浦东新的发展指路。

2010年9月，习近平考察上海时，特地参观了浦东开发开放成就展。这一年是浦东开发开放20周年，他强调，改革开放是加快转变经济发展方式的必由之路，浦东已进入开发开放二次创业的更高发展阶段。

他勉励浦东的干部群众："要进一步解放思想、开拓创新、大胆探索，坚持用全球视野、战略思维谋划发展，继续深入推进综合配套改革试点，率先建立充满活力、富有效率、更加开放、有利于科学发展的体制机制。"

十年后，2020年8月，在浦东开发开放30周年之际，习近平在扎实推进长三角一体化发展座谈会上，把推动浦东高水平改革开放列为关键点。

习近平这样强调浦东的战略地位："支持浦东在改革系统集成协同高效、高水平制度型开放、增强配置全球资源能力、提升城市现代化治理水平等方面先行先试、积极探索、创造经验，对上海以及长三角一体化高质量发展乃至我国社会主义现代化建设具有战略意义。"

他再次嘱托："要继续做好上海自由贸易试验区临港新片区建设工作，充分发挥试验田作用。要抓好上海国际金融中心建设，支持长三角和全国经济高质量发展。"

2020 年 11 月 12 日，在浦东开发开放 30 周年庆祝大会上，习近平再次勉励浦东要抓住机遇、乘势而上，"科学把握新发展阶段，坚决贯彻新发展理念，服务构建新发展格局，坚持稳中求进工作总基调，勇于挑最重的担子、啃最硬的骨头，努力成为更高水平改革开放的开路先锋、全面建设社会主义现代化国家的排头兵、彰显'四个自信'的实践范例，更好向世界展示中国理念、中国精神、中国道路"。

习近平的语气坚定有力，在上海社会各界引发了强烈反响。大家深知，总书记发出了新时代浦东"再出发"的动员令，为浦东乃至上海推进更深层次改革和更高水平开放提供了根本遵循。

2021 年 7 月 15 日，《中共中央 国务院关于支持浦东新区高水平改革开放打造社会主义现代化建设引领区的意见》正式发布。这是在实现了第一个百年目标——全面建成小康社会之后，向第二个百年目标——全面建成社会主义现代化强国迈进的关键时期，以习近平同志为核心的党中央对浦东未来发展作出的高瞻远瞩、全面系统的战略谋划，集中到一点，就是要打造社会主义现代化建设引领区。这是中央赋予浦东的新使命，是新时代浦东发展的总要求。

当下，改革开放进入了新阶段，全面深化改革愈发强调系统集成、协同高效；高水平对外开放进一步向制度型开放延伸，要在规则博弈上打开局面。这方面，浦东和上海都要先行先试、带头探路、提供经验。

历史再次选择了浦东，浦东也必将无愧于历史。未来的浦东要在更高层次上自我超越，更要矢志下好创新的先手棋，拿出当年那种敢闯敢试、敢为天下先的决心和勇气，展现出更大的想象力、创造力，不断闯出新路子、创造新奇迹。

三、新发展理念的种子，在孕育成长

2007 年，在上海的一些重要场合，"关键时期"一词出现频率明显提高。其中，很多次出自习近平。

从改革开放初期全国经济的"后卫"，到勇立潮头的"前锋"，上海经历了重要的角色转换。日益开放的中国，需要一个经济繁荣、社会和谐的上海，需要一个创新涌动、更具活力的上海，需要一个面向世界、具有国际竞争力的上海。下一步该向着什么方向走、怎么走，当年的上海亟待破题。

一到上海，习近平就强调，发展是党执政兴国的第一要务，上海的中心工作仍然是坚持发展、加快发展。紧接着，习近平进一步全面阐明了"如何发展"的问题："我们必须清醒地看到，上海发展到现阶段，必须更加注重提高发展质量，更加注重优化发展途径，更加注重丰富发展内涵，更加注重增强发展动力。"

当时，国内外观察上海，曾给出这样的评价：一个发展中国家内部最发达的城市，一个处在社会主义市场经济最活跃地区的城市，一个与世界经济舞台距离最接近的城市。与国内其他地方比较，上海具有先发优势；与国外大都市比较，上海则拥有后发优势。

不过，这两种优势，更是双重压力：先发，如不置于国际竞争体系，优势的含金量就不会高；后发，如不把世界一流作为追赶目标，优势永远停留在空想。

而如何实现"高质量发展"，是其中的关键。

如今这句人们耳熟能详的话，在十多年前还显得有些新鲜。习近平敏锐地看到，当时的上海经济经过连续 15 年的两位数增长，在先行发展过程中已遇到了资源环境瓶颈、体制机制障碍、社会矛盾凸显等问题。

经济增长不可能永远保持高速，怎样从偏重追求发展的速度，转向更加注重发展的质量，需要全社会重新凝聚共识，更需要实现理念上的根本转变。

主政上海期间，习近平考察各行各业，深入调研，悉心谋划，他从全局高度，为上海在经济转型的关键阶段，探索面向未来的发展新路。他每到一处，既从实际出发研究解决发展中的问题，又注重统一思想，引领推动发展理念的转变。

新发展理念的种子，在上海的实践中孕育成长。

发展是解决一切问题的基础

习近平履新上海不到半个月，在衡山宾馆会见了基辛格博士。

会谈中，基辛格表示，自 35 年前来上海参与中美《上海公报》的签署后，这些年多次来上海，这座城市是中国繁荣的象征，是中国最具活力、创造力和想象力的地区之一。

习近平是这样回应的：目前上海正处在一个发展的关键时期，我们正按照中央对上海的要求，以科学发展观为统领，聚精会神搞建设，一心一意谋发展，努力实现"四个率先"，加快推进"四个中心"建设，把上海建设成为社会主义现代化国际大都市。

这番话颇具深意，这是习近平主政上海后，谋发展的核心思路。

一个多月后，在 2007 年 5 月 24 日开幕的上海市第九次党代会上，习近平在报告中开宗明义："坚定走科学发展之路，加快推进'四个率先'，努力开创'四个中心'和社会主义现代化国际大都市建设的新局面。"习近平特别强调，这是中央的要求、时代的呼唤、人民的意愿，是"庄严的政治使命"。

这是以党代会的形式向各界宣示了上海今后的发展目标和发展定位。而只有明确了目标与定位，才能更好地振奋和激励全市人民，在新的起点上加快新的发展。

习近平在多个场合旗帜鲜明地指出，发展是我们党执政兴国的第一要务，必须始终坚持。上海的中心工作仍然是坚持发展、加快发展，这符合广大人民群众的根本利益。

筹备党代会的那段时间，习近平接连开了好几个座谈会，分别征求各大系统党委书记、区县党委书记、老干部、民主党派和工商联及无党派代表人士等的意见和建议。当时，市委办公厅的同志建议："距离党代会召开的时间很近了，是不是减少一两个座谈会？"但习近平坚持还是要开。

后来大家回想起来，开这么多座谈会，这一方面固然是要多多听取大家的意见，集中大家的智慧把报告写好；另一方面，习近平也是要通过一次次的座谈，激发引导大家"聚精会神搞建设、一心一意谋发展"，这是一个统一思想、凝聚人心的过程。

对于如何谋求上海更大发展，习近平倾听集纳方方面面的意见和建议。履新后，围绕民生、发展、世博会等问题，他马不停蹄地开展调研，多次召开座谈会，就上海发展的难点痛点集思广益。

每到一处，习近平都反复强调，只有社会主义才能救中国，只有改革开放才能发展中国、发展社会主义、发展马克思主义，发展是解决一切问题的基础和关键，而发展必须是科学发展。这些思想和实践，都为上海下一步的发展奠定了战略性基础。

当时，"四个率先"是中央对上海的定位，也是交给上海的任务，要求上海率先转变经济增长方式，率先提高自主创新能力，率先推进改革开放，率先构建社会主义和谐社会。

而建设国际经济、金融、贸易和航运"四个中心"，则是上海城市发展的抓手和目标。习近平多次指出，"四个中心"建设中，金融中心处于核心地位。他在上海工作期间，金融中心建设一直是他心头牵挂的重点。

在 2007 年 7 月 17 日举行的上海市委九届二次全会上，习近平专门讲了一段金融中心建设的问题，认为面临着基础设施、市场规模、专业人才、法治环境等诸多瓶颈。他说，金融中心建设关键靠人才，上海现有金融从业人员十多万人，占上海人口的比重不到 1%，而伦敦、香港等国际金融中心城市，金融从业人员的比例达到了 5% 以上，"面对这一现状，我们必须采取有效的政策措施，破除障碍，吸引更多金融人才集聚上海"。

2007 年 9 月 4 日，习近平用一个上午的时间，走访了上海黄金交易所、上海证券交易所、中国金融期货交易所、上海期货交易所、中国外汇交易中心暨全国银行间同业拆借中心五大金融市场，对推进金融中心建设提出了具体要求。

习近平一行首先来到上海黄金交易所。他在交易大厅察看了交易运行情况，一边走一边问，了解黄金交易的规则和对经济发展的作用。

他看到上海黄金交易所总经理王喆比较消瘦，关切地问："你怎么这么瘦？"

王喆说："一方面是因为我的血糖高，另一方面也因为上海黄金交易所是全国第一个有夜市的交易所，每天除了白天的交易，晚上还要对接欧美市场，交易所要交易到凌晨两点，压力比较大。"

习近平听后嘱咐他保重身体，同时表示，有了夜市交易，说明上海的国际金融中心建设已经国际化了，这是一种创新。他希望交易所按照中国人民银行的要求，继续开拓创新，积极进取。

在上海证券交易所，习近平先到五楼交易大厅，一路上详细询

2007年9月4日，习近平到上海证券交易所调研

问了上交所这几年的发展情况，包括上市公司的数量、质量、交易情况等，鼓励上交所要保持市场稳定，要大力发展资本市场，为国民经济作出更大贡献。

看完交易大厅后，习近平来到七楼的证券展览馆。这里陈列的中外票证，包括民国时期的铁路债券、瑞金苏维埃时期的红色票证，以及改革开放早期的"老八股"等。他看得很细致，陪同人员都能感受到，他对证券市场很关注。

从2006年开始筹备的中国金融期货交易所，是我国境内唯一一家从事金融期货、期权等金融衍生品交易与结算的公司制交易所。习近平来到监控室，察看了股指期货模拟运营情况，对这项新兴的金融业务很感兴趣，他一边看一边问：股指期货的基本原理是什么？和股票市场的关系是什么？它的交易状况对资本市场会有什么影响？

听了交易所的介绍后，习近平对他们说："发展金融期货，是我国资本市场建设与发展中的一件大事，是进一步深化金融改革、加快创新发展的重要体现，你们还要做好投资者教育。"

随后他又关切地问："股指期货交易这么专业，相应的人才从哪里来？"

"股指期货对人才的要求很高，我们主要靠新招一批高素质人才，进行高强度培训，也有一部分是从其他领域的交易所引进的人才。"期货交易所负责人说。

习近平对随行人员强调："上海要进一步制定和完善人才政策，吸引和培养各类高端金融人才，占据金融市场的制高点，为加快推进上海国际金融中心建设提供人力支持。"

整个调研期间，习近平话语不多，但问的都是关键问题。他说话的语气非常平和，但大家都感受到了话语中的分量。

习近平在强调金融改革创新的同时，还多次提醒，必须严加防范金融风险，保障金融安全。

那次考察中，在上海期货交易所，习近平特意察看了实时监控系统。当时上海期货交易所有会员209家，营业网点覆盖全国28个省区市，上市的有铜、铝、锌、天然橡胶、燃料油5个期货品种，还即将推出一些新品种。

习近平听了汇报后，肯定了金融改革创新的突破力度，随后着重问他们："交易所怎样进行一线监管？"

工作人员现场演示了如何发现内幕交易、价格操纵的案例，习近平看后语重心长地说："期货交易对防范市场风险的要求很高，你们一定要强化金融监管，切实维护金融稳定和安全，确保市场的公开公平公正。"

在中国外汇交易中心暨全国银行间同业拆借中心，习近平察看了总控中心和机房，还来到坐落在同一园区的中国人民银行上海总部公开市场业务操作室，实地察看了这一"神秘部门"的工作情况，充分肯定了这一工作的专业性和重要性，强调宏观金融管理和市场化调控在现代金融体系中的重要作用。

这时，习近平经过地处楼梯拐角的公开市场业务操作室服务器机房，他停下脚步，嘱咐交易中心工作人员："这个对国家安全非常重要，你们一定要把工作做好！"

那天一路考察，习近平一行轻车简从，没有警车开道，没有标语横幅，没有迎来送往，没有鲜花地毯，也没有要求中国人民银行总行领导出席陪同。

习近平随后嘱咐随行的上海市金融工作党委、金融办的负责人："对于这些金融市场机构，上海的有关部门要做好服务，协助它们发展，当它们遇到困难时，要给予帮助。"

习近平还专门主持召开了市委专题会，分析股市、楼市情况。他的开场白是："今天召开这个会议，不是说股市、楼市出了什么问题，而是市委要眼观六路耳听八方，要不断洞察各方情况变化。"

在听取了有关汇报后，习近平明确指出，上海国际金融中心建设要用国际惯例吸引机构和人才。在这次会议上，市委作出了一个重要决定：成立国际金融中心建设领导小组，进一步深化改革、扩大开放，力争使金融中心建设取得重大进展。

在上海干部印象中，习近平推动"四个中心"建设、推进改革开放，工作上非常有章法。

在市第九次党代会召开前夕的调研中，习近平提出："在市委常委会上，要听取建设上海国际金融中心的思路汇报。"

市政府接到这个任务后，要求市金融办充分调研，提出政策建议，由市政府常务会议讨论通过后，向市委常委会汇报。当时汇报的核心思想是，上海的国际金融中心建设要以资本市场为核心，在税收、人才、土地等政策支持方面多想办法。

在 2007 年 5 月 18 日召开的市委常委会上，市政府党组提出了一系列促进金融中心建设的新政策。比如，人才是金融中心建设的核心要素，但当时内地的个人所得税税率比较高，有些国际金融机构的上海分公司、分部员工，把在上海工作的时间压缩在 180 天内，人员不断轮换，这样就可以不在上海交个税。这种现象显然不利于上海金融市场发展。对此，上海市政府建议，对于特殊金融人才，可以市政府名义进行奖励，预算资金经市人大讨论通过，吸引国际人才在上海安心工作。

市委常委会通过了这项提议，习近平在讲话中指出："推动'四个中心'建设，推进改革开放，难免会遇到各类困难与障碍，上海的干部要把进一步解放思想作为应对前进道路上各种新情况新问题的一大法宝。"

他再次强调："科技是第一生产力、人才是第一资源、党的干部队伍是决定因素。上海要加快培养人才，党政、科技、企业的干部都要加强培养，使上海这座城市更加开放、更具活力，加快自身发展，为区域发展、全国发展作出新贡献。"

无论是金融机构的引进，还是专门人才的吸纳，习近平都强调要解放思想、勇于创新。

在 2007 年 7 月 17 日的上海市委九届二次全会上，习近平有一段总结性讲话："上海 29 年来改革开放的成功实践充分证明，我们之所以能取得令人瞩目的巨大成就，归根到底在于坚持了解放思想、实事求是、与时俱进的思想路线。什么时候坚持了这条思想路线，我们的事业就会大踏步地前进；反之，就会步履维艰，甚至停滞不前。"

在习近平看来，当前上海改革发展进入了攻坚阶段。"在前进的道路上，遇到了若干深层次的体制机制障碍和瓶颈制约，迫切要求我们进一步解放思想、开拓奋进、迎接挑战、克难攻坚。"

习近平到中央工作后，对上海国际金融中心建设依然十分关心。在 2018 年 11 月的首届进博会开幕式上，更是把上交所设立科创板并试点注册制，作为交给上海的三大任务之一。而此举对金融中心的建设有着重要意义。

2021 年 3 月，英国智库 Z/Yen 集团发布了第 29 期全球金融中心指数，上海蝉联全球第三，超过香港、新加坡和东京，仅次于纽约、伦敦。而且，上海与伦敦之间，仅有 1 分的差距。

目前，上海已经建立了完备的金融市场体系，集聚了一大批中外资金融机构，成为中国大陆金融对外开放的最前沿、金融改革创新的先行区，以及金融发展环境最佳的地区之一。

这项指数的首次发布是在 2007 年。当时上海排名全球第 24，与第一名伦敦相差 193 分。而在本期指数中，排名第三的上海与第一名纽约仅相差 22 分。从 20 名开外，到全球第三，上海国际金融中心的成长轨迹令人惊叹。

2007 年 7 月 12 日，习近平赴虹口区调研，这次调研的重点是"四个中心"中的国际航运中心建设。

习近平来到中国远洋运输集团总公司、中国海运集团总公司和上海航运交易所，了解北外滩开发建设和航运服务业发展情况，还同正在海上航行的"中海亚洲"号轮船长通话，向全体船员表示慰问。

虹口区东大名路集中落户众多航运企业，被誉为"航运一条街"。随着城市功能转换，一些曾经的老码头不再承担航运业务，正在进行改造。习近平看后，对上港集团总裁陈戌源说："港口的发展，要和城市发展融合协调，城市发展后，原先的港口应该调整功能，以满足城市发展要求。"

在随后召开的座谈会上，习近平说，这次市第九次党代会明确

2007 年 7 月 12 日，习近平调研上海国际航运中心建设情况

提出，今后五年上海"四个中心"建设必须取得突破性进展，到2020年基本建成"四个中心"和社会主义现代化国际大都市。从全球来看，现在国际航运中心的功能在不断地更新换代，已经从第一代的"航运中转型"、第二代的"加工价值型"向第三代的"资源配置型"转变，就是不仅要求有货物集散功能，更要能够参与生产要素在国际上的配置。

习近平对国际航运业的发展有着深刻理解，他在会上举例说，伦敦作为公认的国际航运中心，现在的港口吞吐量不是最大的，但是伦敦不断创新发展上游航运服务业，使其国际航运中心地位仍然是稳固的。"目前仅航运贷款和海上保险两项，伦敦的市场份额就占到世界总量的20%和19%。关键是通过航运业赚取多少利润，对航运业有多少支配性的影响。"

"从上海来看，我们的港口硬件水平应该说是世界一流的，但是要看到，我们的软件、软环境上还有不少差距。"习近平说，如果只有集装箱码头的功能和港口的货物处理能力，我们还是不能够真正建设成为国际航运中心的。

他提出："当前我们推进国际航运中心建设，一方面要抓好洋山港建设和运营，巩固和提升上海作为全球集装箱吞吐量最大港口之一的地位；另一方面要更加着力完善航运发展的软环境，提高港口的服务功能，提升上海在国际航运市场上的地位和作用。"

习近平一直牵挂着洋山港的建设。2018年11月初，习近平在上海考察时，在浦东新区城市运行综合管理中心的指挥大厅，视频连线了洋山港四期自动化码头，听取码头建设和运营情况介绍。他郑重指出，经济强国必定是海洋强国、航运强国，洋山港建成和运营，为上海加快国际航运中心和自由贸易试验区建设、扩大对外开放创造了更好条件，要有勇创世界一流的志气和勇气，要做就做最好的，努力创造更多世界第一。

他希望上海把洋山港建设好、管理好、发展好，加强软环境建设，不断提高港口运营管理能力、综合服务能力，在我国全面扩大开放、共建"一带一路"中发挥更大作用。

到 2021 年，上海港的国际标准集装箱吞吐量，已经连续 12 年位居世界第一。而且，这个东方大港不仅保持着规模速度，更追求发展质量。从 2017 年底投运的洋山港四期自动化码头，到智能重卡全程无人驾驶，不负习近平当年嘱托，上海港的软硬件都已今非昔比。

不要把制造业当包袱

2007 年 4 月初，刚到上海的习近平收到一封长信，信中的语气有点急切。

写信的是联合利华大中华区副总裁曾锡文，他彼时的心情直接反映在信中："联合利华正在进行全球战略调整，要在上海建立全球最大的研发中心。但该项目由于种种原因，一直没有得到开工批准，已让伦敦总部心生疑虑。"

收到信后，习近平很重视，马上作出批示。在相关部门的全力支持下，联合利华上海研发中心项目顺利推进。当年 9 月，心里一直记挂着这事的习近平，决定亲自去看看。

在联合利华大中华区总部，曾锡文告诉他："2002年起，我们陆续关了上海的五家制造工厂，梯度转移到合肥，当时震动很大，我们的压力不小。其实，这是联合利华在中国的转型战略，把产能转移到合肥后，在上海设立地区总部和全球最大的研发中心。"

习近平了解了联合利华上海研发、合肥生产的布局思路后，给予肯定："上海的科研集聚非常重要，你们带了个好头。你们要利用中国的人才、市场发展中国经济，同时也要把中国的研发成果推广到全世界去，贡献全球。"

曾锡文又告诉习近平，一些外企觉得上海商务成本上升，优势不再，但联合利华却看到上海在高素质人才方面的独特优势。在一张员工统计表前，他向习近平介绍："现在上海公司超过80％是研发和管理人员。"

"这就是上海的定位。"习近平当即说。

这句高度凝练的评价，印在了当时在场者的心里，也传递给了很多在上海的外资企业。

2007年的上海，正处于产业结构深度调整的关键时期。必须调是共识，怎么调是关键。

当时，上海刚刚提出，要形成以服务经济为主的产业结构。对此，社会上说法比较多。有些人对"服务经济"的概念比较陌生，不知道抓手是什么；有些人则认为，上海应该像国际上一些特大城市那样，全力发展第三产业，压缩甚至放弃第二产业。

习近平敏锐地注意到，产业结构是事关上海未来发展的一大关键，为此作了大量的调研和思考。他一路走一路看，从服务业初步集聚的中心城区，到郊区的各大制造业基地、特色农业基地，深入了解上海三二一产业的实际发展情况，谋划上海产业结构调整优化的路径。

在当时的上海，一些嗅觉灵敏的中外企业已经开始谋求产业转型和结构调整。

在 5 月召开的市第九次党代会上，习近平就在报告中明确提出，上海要积极推动三二一产业共同发展，在加快服务业发展中推进结构调整，形成服务经济为主的产业结构。

"这是上海'四个中心'建设的战略性产业支撑，也是上海必须长期坚持的产业发展方针。"习近平语气坚定。

在上海，习近平走得越多，了解得越多，对产业结构的思考也越深入。

在普陀区，他考察了现代物流产业在上海"西大堂"快速崛起的情况，指出上海建设"四个中心"，需要大力发展流量经济，需要充分发挥聚集和辐射功能。

在虹口区，邮轮经济刚刚发端，他看到了这一高端航运服务业的巨大潜力，提出要继续发展邮轮经济，做好规划、形成品牌。

在卢湾区，他重点关注服务外包、创意产业发展，提出作为上海中心城区，更应该凸显服务业，特别是现代服务业发展。

不仅如此，在研究谋划服务业发展的同时，习近平也一直把"上海制造"记挂在心头。

"金山的化工区和石化基地，目标就是世界一流、亚洲第一；配合举办世博会，百年江南造船厂搬迁，但搬迁不是带来它的萎缩，而是新生，中船集团落户长兴岛，将建成中国最大的造船基地；上海的一部分装备制造业在临港，将来它会有更大的发展；最近国家又把大飞机的任务交给了上海……"在一次同上海市老干部交流时，习近平讲述了他调研上海各大产业基地时了解的情况，他对局面的解读是，"上海的二产正在结构调整中孕育新的发展"。

汽车工业对上海至关重要，当然也是习近平关注的重点。

他接连到嘉定调研从设计研发到生产的汽车产业链，到浦东考察通用汽车泛亚汽车技术中心，在奉贤试乘燃料电池城市大巴……

他在上海大众工厂调研时，关切地问全国劳模徐小平："你们还有什么困难？"徐小平回答说，自己 1989 年进厂，一直工作在一线，学了不少国外先进技术，现在已经掌握了相当一部分，希望以后掌握更多的装备技术，让企业降本增效，减少外汇支出。习近平鼓励他说："一线工人不容易，希望你们继续好好干。"

当时，上海刚刚开始打造新一代自主品牌汽车。习近平在调研中发现，有个结需要尽快解开。

英国罗孚公司破产后，上汽集团和总部在南京的南汽集团，展开了罗孚收购争夺战。双方互不相让，结果是上汽购买了罗孚部分产品知识产权，发展自主品牌"荣威"；南汽购买了罗孚破产后的资产，创立自主品牌"名爵"。中国两大汽车企业的争斗备受瞩目，业内人士形象地说："你选择在上海做路牌广告，我就把广告做到你南京的厂门口。"

其实，荣威和名爵同根同源，从整车到零部件都有许多相通之处。如果能够携手合作，无疑将大大降低成本，最大限度地整合资源。更重要的是，在中国市场上，荣威和名爵都是自主品牌的代

2007 年 7 月 5 日，习近平调研上海大众汽车有限公司

表，面临众多占据绝对优势的合资企业车型竞争，它们只有实现合作，才能站稳脚跟壮大自主品牌。

习近平了解到情况后，让分管副市长胡延照带队去江苏，协调上汽和南汽的纷争。临行前，他嘱咐胡延照："我们上海一定要大气，要稳妥，要做好协调。"

由于习近平的亲自推动和协调，到了 2007 年底，双方化干戈为玉帛，正式签署协议，南汽资产全部融入上汽，"上南争"变成了"上南合"。这次联合重组，对上海自主品牌汽车的发展推动极大。

"过去，许多城市以烟囱多为荣；现在，烟囱多一定是落后城市的象征。但减少烟囱，是不是意味着放弃制造业？"2007 年 9 月，在一场上海产业发展专题调研会上，习近平提了这个意味深长的问题。

他说了自己的思考："怎么调整上海的产业结构？首先要立足全局，从中央要求和国家战略定位的高度，认清上海产业发展所处的阶段。上海作为国内最大、经济发展水平较高的中心城市，有必要大力加快服务业发展，借助'四个中心'建设的大平台，更好地为全国产业发展提供全方位服务。"

习近平认为，上海人均 GDP 已经超过 7000 美元，处于工业化后期向后工业化转变的时期，要求产业发展必须进入服务经济为主导的发展阶段。"但是，以服务经济为主，是不是意味着上海不需要发展制造业了？一些发达国家大都市的模式应不应该照搬到上海？"

习近平敏锐地指出，要把握上海这个城市发展的特殊性，上海的第二产业仍有巨大的发展潜力和增长前景。"上海长期以来是我国的老工业基地，不要把它当作上海的包袱，而应当作上海的财富。"

习近平通过深入的调研、观察和分析，提出上海产业结构调整应当走的路径："上海除了 600 平方公里的纯城区，还有包括郊区的 6000 平方公里大空间，如果人为地不去发展二产，将错失良机，也不利于城市经济风险化解机制的建立。"

他在上海市国资委的调研中，把话说得更直白："三二一产业共同发展，它们之间此消彼长的关系，是在市场经济、现有产业发展的实际状态下的一种发展过程，不是人为地去遏制二产的发展，来造成三产的独大。"习近平在多次会议和调研中强调："要着力提高先进制造业竞争力，继续发挥先进制造业对经济增长的重要支撑作用。"

对于 GDP 占比不足 1% 的上海农业，习近平也高度关注。

"作为中国的上海，绝不能轻视农业。"习近平多次强调，必须高度重视农业发展，把比重小的上海农业始终放在大战略和全局上谋划。

回首过去十多年上海产业结构调整走过的漫漫长路，上海学界对习近平的这一系列阐述不仅记忆深刻，而且有了新的理解。习近平在上海工作时，王战是市委研究室主任，他后来回忆起这段往事时说："习近平同志提出的产业共同发展思路，实际上是一个重要的理论突破，指出了中国大都市发展与欧美不同的路径。今天上海强调不能放弃制造业、避免'脱实向虚'，而十多年前他在上海就已经注意并强调这一点。"

其实，在讨论上海三二一产业发展关系时，习近平不仅提出要

"共同发展"，而且特意要求加上"融合发展"四个字，当时一些同志对此并没有深刻的理解。"今天回过头去看，产业融合发展已经成为重要趋势，当年作出这样的判断和要求，是非常超前的。"王战说。

到中央工作后，习近平连续十年参加全国人大上海代表团审议。几乎每次，他都要提经济结构调整，对上海率先转变发展方式寄予厚望。

2008 年，他对上海的同志说："上海要坚持把转变经济发展方式同推进产业结构优化升级结合起来，推进三、二、一产业融合发展，加快形成新型产业体系，使上海不断朝着服务经济比较发达、创新能力显著提高、资源消耗持续降低、生态环境逐步改善、城市综合服务功能充分发挥的目标迈进。"

一年后，他提出了五个方面的要求，其中第一点就是："要勇于面对危机、化危为机，在坚决实现经济平稳较快发展的同时，加快发展方式转变和经济结构调整，努力形成以服务经济为主的产业结构、以创新驱动为主的发展方式。"

后来，他又强调："要在进一步推动产业结构优化升级上狠下功夫，加快发展现代服务业和战略性新兴产业，促进三次产业在更高水平上协同发展。"

他还要求上海："在推进经济结构战略性调整、加快产业结构优化升级、加快培育发展战略性新兴产业、抢占未来发展战略制高点上更加奋发有为。"

到了 2012 年春天，他连用三个"新"概括上海过去一年各项工作取得的新成绩："在发展方式转变和经济结构调整上取得新成效，在发展成果惠及全体人民上取得新进步，在提高党的建设科学化水平上取得新进展。"

就在这年1月份，上海公布了2011年的统计数据，其中第三产业增长9.5%，占生产总值比重达到57.9%，实现了进一步提高，而且工业结构优化，先进制造业增速快于一般工业。

党的十八大后，对于上海加快经济结构战略性调整，习近平依然非常关注。不仅在全国两会上提要求，到上海考察时，更是谆谆嘱托。

2018年11月，他对上海的干部说："要把高质量发展着力点放在实体经济上，加快建设实体经济、科技创新、现代金融、人力资源协同发展的产业体系，全面提升上海在全球城市体系中的影响力和竞争力。"

第二年11月，他对上海的干部再次强调："要强化高端产业引领功能，坚持现代服务业为主体、先进制造业为支撑的战略定位，努力掌握产业链核心环节、占据价值链高端地位。"

近年来，上海正全力打响"上海服务""上海制造""上海购物"和"上海文化"四大品牌。其中，"上海服务"意指，强化服务功能，提高服务经济能级，增强经济中心城市辐射带动能力；"上海制造"的内涵是，既要继承发扬老品牌，也要做大做强新品牌，努力发展高端制造，不断提升产品品质、知名度和美誉度。而这，显然秉承了当年习近平对上海产业发展的战略思路。尽管十多年过去了，但习近平在上海工作时打下的烙印，依然深深刻在这个经济中心城市的转型发展征途上。

以壮士断腕的决心解决生态问题

在上海，有个比较特殊的地方。

从地图上看，崇明就倚在上海的怀抱中。但若去一趟，还得坐船跨过长江。2007年，当地人盼望多年的长江隧桥工程正紧锣密鼓施工中，以后对崇明怎么定位、怎么发展，是一项不小的课题。

2007年4月12日，习近平履新才半个多月，就决定拿出一整天时间，去一趟崇明，实地调研这个中国第三大岛。

上午，习近平一行先来到崇明县规划展示馆，听取了全岛规划情况介绍。接着，去城桥镇社区卫生服务中心，他走进二楼护理病区病房，询问病人社区卫生服务方便不方便。随后，习近平来到三峡移民余胜德的家，详细了解他们在崇明生活习惯不习惯。之后，又前往港西镇中心小学，与教师们亲切交流，希望他们扎根农村教书育人。

下午，习近平驱车前往长江农场麦子丰产坊、港沿镇合兴大棚芦笋种植基地，察看了种植情况。离开田间地头，习近平来到陈家镇瀛东村，观看了村务公开栏、村史陈列馆，走访村民尹全郎的家，参观了他家的"农家乐"客房，询问农民大病保障情况。接着，又前往长江隧桥工程工地，慰问建设者。

习近平对一起调研的同志说："这一路走来，我对崇明岛有了深刻的印象，崇明的发展理念很好。要按照建设生态岛的思路，认

2007 年 4 月 12 日，习近平在崇明县调研生态岛建设情况

认真真做下去，只要认准了方向，就不要动摇。"

2007 年，崇明生态岛的建设正处于起步阶段，不时还能听到一些议论：以前崇明要坐船来回，没条件发展工业，现在等隧桥通了以后，何不多吸引一些工厂到岛上来？

习近平此行，明确表示："建设崇明生态岛，是上海按照中央要求实施的又一个重大发展战略，我们要把崇明建设成为环境和谐优美、资源集约利用、经济社会协调发展的现代化生态岛区，实现崇明跨越式发展，促进上海全面协调可持续发展。"

他又对崇明的干部说，要把水清、气洁、林茂、土净、环境宜人，作为崇明的发展目标，并强调："要正确处理生态与民生的关系，要加快构筑现代生态型产业体系。"

对于这片上海的绿肺，对于这一方水土的百姓，习近平长久地牵挂着。

十年后的 2017 年，3 月 5 日下午，在全国人大上海代表团审议现场，有代表谈及崇明世界级生态岛建设，引来习近平的感慨："我 2007 年去过一次崇明，都快十年了。"

崇明建设世界级生态岛，需要不少制度创新，来更好地体现国家战略、上海使命、崇明愿景。时任上海社会科学院副院长张兆安告诉习近平，这次来北京之前，他去了三次崇明岛，就是要把当地干部群众的意见和建议带到会上来，"不少崇明群众都跟我提起，2007 年您曾到过崇明岛调研"。

习近平详细询问崇明岛生态保护的情况，问得非常细致："崇明岛现在是什么保护级别？""有没有列入国家级自然保护区？"……

上海的同志回答："2016 年您在推动长江经济带发展座谈会上，

明确指出长江沿线要共抓大保护、不搞大开发，落实您的要求，我们回去之后就进一步提高了崇明生态岛建设标准，对标世界级，举全市之力推进，真正使崇明岛成为鸟类的天然博物馆、候鸟的天堂。以前崇明只有十几种候鸟，现在有上百种。一到春天、秋天，候鸟北飞南迁，景象十分壮观。"

围绕崇明世界级生态岛建设目标，习近平还问到生态保护与人口发展的问题，他关心崇明交通是否便利了，人口密度是否增加了，建筑物是否越来越多，环境保护是否守得住底线。

上海的同志告诉他，为了建设世界级生态岛，崇明已明确要控制建筑物高度，不能超过 18 米，凡是超过的都要调整。同时，崇明的建筑定位为中国元素、江南韵味、海岛特色。对此，习近平连连点头肯定。

这些年来，上海对崇明生态岛建设的认识也从未动摇。2017年 6 月，上海市人大常委会通过关于促进和保障崇明世界级生态岛建设的决定，继续按照习近平当年的思路和部署，从功能空间布局、环境品质、发展能级、人居环境等 12 个方面，为崇明生态岛建设提供了立法保障。

2007 年的上海，常住人口已经接近 2000 万，资源、环境约束明显，实现产业、资源、环境等协调发展的压力与日俱增。习近平敏锐地意识到，这是上海发展中日益突出的矛盾。

在 5 月举行的市第九次党代会上，习近平明确亮出观点："上海要大力推进资源节约和环境保护，加快建设资源节约型、环境友好型城市。"

这年 7 月，习近平前往郊区青浦调研。青浦区水面面积占全区总面积的 18.6%，位于西北部的淀山湖，跨青浦区和江苏省昆山市，在青浦区境内约占 75.5%，是上海最大的淡水湖。

习近平一路走一路看，边听汇报边说道："进入青浦，满目绿色，湖光山色，生态环境很好。"但他此前也了解到一些情况，多年来，青浦为保护水资源付出了艰辛努力，甚至作出了一定的牺牲，有些人对此有牢骚，认为这样那样的限制，影响了当地的生产和收入。

他对青浦的干部说："对发展中的问题要辩证地看，切不能因为一时的发展而牺牲了长远的利益，付出沉重代价。"

当天的调研座谈会上，习近平开门见山谈环境："要加强环境保护和生态治理，努力形成人与自然和谐相处的宜居环境。"

"当人们连喝自来水都遇到了麻烦，这样搞出来的 GDP 到底有多大的用场？"座谈会上，习近平用现实中环境污染的例子，给与会的同志们敲响了警钟。他进一步指出："真正解决生态环境的问题，要有壮士断腕的决心和实际举措，否则都是说空话。"

"总是强调长到身上的肉不能再割下来，有经济利益，有现实的财政收入，那就是没办法，难以割舍。"习近平指出，要以对人民群众、对子孙后代负责的精神，把环保和生态治理放在重要的位置，下大力气解决一些环境保护方面的突出问题。

"要进一步加大污染控制力度、继续加强水环境治理、率先转变经济发展方式。"当时习近平特别强调，他对于环境保护和生态治理的要求，不只是对青浦讲的，也是对全市面上的要求。

青浦区委书记巢卫林听后，很受触动："这是我第一次面对面听习书记讲环境保护和生态治理，联系到他在浙江时就提出来的

2007 年 7 月 11 日，习近平在青浦区朱家角镇调研环境保护情况

'绿水青山就是金山银山'，这正是他长期坚持、一以贯之的绿色发展理念。"

12年后，2019年11月1日，长三角生态绿色一体化发展示范区揭牌，范围包括上海市青浦区、江苏省苏州市吴江区、浙江省嘉兴市嘉善县，面积约2300平方公里。

这个生态绿色示范区，是实施长三角一体化发展国家战略的突破口。其核心使命是，率先探索将生态优势转化为经济社会发展优势，从项目协同走向区域一体化制度创新，打造成为生态优势转化新标杆、绿色创新发展新高地、一体化制度创新试验田、人与自然和谐宜居新典范，走出一条跨行政区域共建共享、生态文明与经济社会发展相得益彰的新路径。

对青浦而言，当年在他们遇到眼前利益与长远利益的关键抉择时，习近平一锤定音；现在他们担当起了开路先锋，为长三角更高质量绿色发展进一步探路。

上海一北一南有两座"山"：宝山和金山，一个是传统工业大区，另一个是化工产业重镇。对这两个区的考察中，习近平心中揣着一个课题：工业集中的地区，下一步应该怎么发展？

"腾笼换鸟"，是2007年时上海的一个热词。因为随着产业结构调整，城市中的一些区域开始重新考虑功能定位和发展方向。

对于要不要"腾笼换鸟"，怎么"腾笼换鸟"，习近平的思路是，上海产业发展处在关键时期，对关系长远发展的重大战略产业进退去留，必须作出科学抉择，坚决淘汰能耗高、污染重、占地多、效益低的劣势企业。

在习近平的要求下，上海产业的"腾笼换鸟"，关键是要做好

"加减法"。他指出："产业发展做'加法'，能源资源消耗做'减法'，生态环境保护要成为经济发展的前提条件。"

2007年4月，习近平到宝山区调研，他来到正在建设中的上海吴淞炮台湾湿地森林公园。当时，公园还没完全建好，习近平沿着木栈道，走到公园的制高点，登高望远。那里东临长江、南濒黄浦江口，他驻足看了不少时间。

宝山区的同志向他介绍："这座湿地公园，改造前是炼钢废渣的堆场，面积达40多万平方米。每当大风刮起，钢渣就泛起灰白色的尘土，漫天飞舞，给长江和黄浦江的生态环境以及周边居民生活造成严重影响。"变化是从2005年开始的，宝山区为改善区域生态环境，开始着手将"铁渣山"改造为提供宜居环境的湿地森林公园。

在宝山区继续调研的路上，习近平又谈起了炮台湾湿地森林公园。他说那里花草茂盛，有自然风光，也有城市色彩；有江河入海口的宏伟奇观，也有深厚的人文价值。习近平对宝山区的干部说："长江口和黄浦江的滨江口，将是宝山区下一步的发展重点。要以生态环境建设为契机，推进宝山经济转型。"

根据习近平的要求，炮台湾公园最终建成了国家级的湿地公园，而宝山区这个重工业区在2012年建成了国家园林城区。十年间三任区委书记，一任一任地接力干，沿着一个目标不动摇，将滨江沿线作为宝山区实现转型发展、绿色发展、高质量发展的重要地区。

而2007年的金山区，上海国际化工城也在快速建设之中。

怎么协调发展现代化工产业与保护生态环境之间的关系？

习近平在金山区调研时提出，要坚持安全低耗标准，大力发展循环经济。"安全可控和绿色环保，是石化工业发展的新特征。"习近平指出，金山区要以上海国际化工城建设为契机，更加注重环境保护，注重节约利用资源，大力推进清洁生产，发展循环经济，推动全区节能降耗和环境保护工作取得新进展。

当时有人"闻化工色变"，也有人对金山的发展方向不那么确定。习近平的讲话一下子统一了大家的思想，为金山指明了绿色发展的方向。

在当年9月召开的上海产业发展专题调研会上，习近平更是明确指出，抓大项目不能急功近利。"不能只管当前，不顾长远；不能只管 GDP 增长，不顾环境保护；不能只管本区域发展，不顾周边地区和不同区域协调共同发展。"

到市国资委调研时，他再次强调："上海发展到现阶段，面临很多挑战和困难，其中一个很大的挑战就是来自资源能源环境方面的硬约束。"根据习近平的分析，节能减排已经成了发展的前置条件。也就是说，如果达不到节能减排的要求，就不要发展，因为那种发展所带来的收益与代价相比是得不偿失的。

"我们没有任何别的选择，只有坚持集约发展、清洁发展、安全发展，才能实现可持续发展。"习近平说。

东海之滨的临港，又是另外一种情况。

那里曾是上海最偏远的"洼地"。2007 年 8 月，习近平在南汇区调研时，环绕滴水湖的临港新城正在建设之中，加快发展的历史新机遇摆在眼前。

对于临港新城的建设，习近平充分肯定了"临港兴则南汇兴，临港强则南汇强"的观点，他希望南汇要牢牢把握临港新城开发建设的机遇。同时，他又意味深长地提出："新城还可以成为一个具有示范意义的地方。"

对于"示范意义"，习近平是这样阐述的：临港新城滴水湖，可以像上海世博会"城市最佳实践区"中的案例一样成为样板，应该有这样一种前瞻性，把它建设成为一个生态的、美丽的、宜于人居的新城。

"要让它基本上不留遗憾地形成一个新城。遗憾是永恒的主题，但是以前的教训不能重蹈覆辙，滴水湖本身是清洁的，不要污染，不要变成第二太湖、第二滇池。"习近平说。

12年后的2019年8月，已经归属浦东新区的临港，成为上海自贸试验区新片区。

到2025年，临港新片区将建设不少于10个顶尖科学家实验室；地区生产总值在2018年基础上翻两番；常住人口规模达到80万人左右。临港新片区将初步建成具有较强国际市场影响力和竞争力的特殊经济功能区，成为我国深度融入经济全球化的重要载体，成为上海打造国内国际双循环战略链接的枢纽节点，初步建成最现代、最生态、最便利、最具活力、最具特色的独立综合性节点滨海城市。

这里，正在成为服务新发展格局的开放新高地，推动高质量发展的战略增长极，体现人民城市建设理念的城市样板间，以及全球人才创新创业首选地。

人与自然，经济发展与生态保护，这个看上去两难的选择，究竟应该怎么选？

这是习近平长期关注的重大课题。来上海工作之前，他就反复多次进行过阐述。特别是 2005 年 8 月 15 日，他在浙江省委书记任上，到浙北安吉县余村考察时，以充满前瞻性的战略眼光，首次提出"绿水青山就是金山银山"的重要论断。

在上海工作的七个多月中，他也高度重视生态环境矛盾，要求各级干部深刻理解经济发展和生态环境保护的关系。他特别强调，像上海这样的特大城市，一定要加快构筑现代生态型产业体系，既要看到当前，更要着眼长远。

担任党的总书记之后，习近平多次讲到，我国生态环境矛盾有一个历史积累过程，不是一天变坏的，但不能在我们手里变得越来越坏，共产党人应该有这样的胸怀和意志。

党的十八届三中全会提出加快建立系统完整的生态文明制度体系，十八届四中全会要求用严格的法律制度保护生态环境，十八届五中全会将绿色发展纳入新发展理念，始终把生态文明建设放在治国理政的重要战略位置。

而保护生态环境的一大抓手，就是改变干部政绩考核这个指挥棒，不再"唯 GDP 论英雄"。习近平在上海工作时多次强调："决不以牺牲环境为代价去换取一时的经济增长。"

从中央到地方，发展观的嬗变与政绩观的革新，为"不争GDP 第一"创造了宽松条件。当不再简单以 GDP 为干部政绩考核的指挥棒，而更加注重打基础、利长远的"潜绩"，当主政一方的治理者，不再热衷数据与排序的虚名，更加致力于发展质量的提升与民生福祉的增进，这种发展才真正经得起历史考验。

当然，告别"唯 GDP"，并不是不要 GDP。既要重视 GDP

对国家社会的正向促进作用，也明确需要改善民生、讲究质量的 GDP。

党的十九大闭幕不久，上海市委就明确提出，上海绝不是不要 GDP，而是不唯 GDP，要追求"更高质量的 GDP"。上海各级领导干部被反复告知，经济中心城市的第一特征就是城市经济总量必须足够大，"发展仍是第一要务，经济发展仍要始终放在心上"。

而"更高质量的 GDP"，需要开掘新动能，更需要树立新观念。在要素成本优势减弱、自然资源禀赋并不突出、土地等资源已遭遇"天花板"的时候，"破旧立新"就显得更为紧要。

走好科技创新先手棋

习近平在上海工作时，就在思考"旧"怎么破，"新"又怎么立。

2007 年的上海，经济发展正需要从投资驱动向新的方向转型。当时学术界有观点认为，上海要警惕从"投资驱动"直接转到"财富驱动"。针对这种警示，习近平展开了一系列调研，他的关切是：怎样实现"创新驱动"？

这一年，国产 ARJ21 新支线飞机进入了总装关键阶段，这是我国首架拥有完全自主知识产权的中短程喷气支线客机。那时，媒体回顾中国研制国产民用客机的几十年历程，用了"屡战屡败、屡败屡战"这样悲壮的说法。

9月20日，新支线项目举行百日会战动员誓师大会，目的是确保 ARJ21 第二年实现首飞。虽然说，这不是新飞机下线或首飞之类的大活动，但习近平出现在了会场。

上海飞机制造厂成立了由党员组成的突击队，陈明德作为主抓生产的副厂长，担任队长。誓师会上，他穿着突击队队服，上台接受队旗，然后举起"突击队"字样的大旗，高喊"奋勇拼搏、决战决胜"的口号，带队绕主席台跑了一圈。

誓师结束，陈明德正准备离开，却被请了回来，"习书记请党员突击队队长一起参加合影"。

令陈明德意外的是，习近平让他站在自己右手边。合影过程中，习近平问他："今天这身衣服是自己买的还是厂里发的？"陈明德说："这是厂里为了'百日会战'特别定制的，衣袖上印着一面小国旗，就是要让大家知道承担的是国家使命，是为国家事业在奋斗。"

那天，在上海飞机制造厂，习近平提出了"笑傲蓝天、展翅飞翔"的期望。在这之后，中国的民机事业从"屡战屡败"的挫折中走了出来。

七年后的 2014 年 5 月，习近平考察上海时，来到成立于 2008 年 5 月的中国商用飞机公司考察。在综合试验大厅，一面巨大的五星红旗高高悬挂，"长期奋斗、长期攻关、长期吃苦、长期奉献"的誓言十分醒目。电子屏幕上，播放着不久前 ARJ21 新支线飞机环球试飞的视频。

习近平和试飞员们亲切交谈，仔细询问试飞情况。随后，他登上我国自主研制的 C919 大型客机展示样机，坐在驾驶舱主驾驶座

2007 年 9 月 20 日，习近平在上海飞机制造厂出席新支线项目百日会战动员誓师大会

位上，详细了解有关设计情况。在飞机客舱里，他还两次在座位上坐下来感受。

在综合试验大厅，习近平对大家说："我们要做一个强国，就一定要把装备制造业搞上去，把大飞机搞上去，起带动作用、标志性作用。""中国飞机制造业走过了一段艰难、坎坷、曲折的历程，现在是而今迈步从头越，势头很好、开局很好，希望大家锲而不舍，脚踏实地，我寄厚望于你们。"

然后，习近平饱含深情地说："中国大飞机事业万里长征走了又一步，我们一定要有自己的大飞机！"

现场爆发出雷鸣般的掌声，不少科研人员热泪盈眶。当习近平步出综合试验大厅时，许多人自发跟随着，不舍得离开，一群站在大厅二层的年轻人齐声高喊："总书记要再来！一定要再来！"

2015 年 11 月 2 日，我国自主研制的 C919 大型客机，在上海总装下线。这架历经七年自主研发的新型商用大飞机，既圆了中国人自己制造大飞机的夙愿，也为中国航空工业乃至整个高端装备制造行业开启了崭新的未来。

对此，习近平作出重要指示，向广大参研单位和人员表示热烈的祝贺，"希望大家继续弘扬航空报国精神，坚持安全第一、质量第一，脚踏实地、精益求精，扎实做好首飞前的准备工作，为进一步提升我国装备制造能力、使自己的大飞机早日翱翔蓝天再作新贡献"。

2017 年 5 月 5 日 15 时 19 分，在掌声和欢呼声中，一架在后机身涂有象征天空蓝色和大地绿色的客机，从云层中进入人们视线，稳稳地降落在上海浦东国际机场第四跑道上。对于 C919 大型客机历时近 80 分钟的首次飞行，机组报告："飞机空中动作一切正常。"项目总指挥宣布："首飞圆满成功！"

这个大家伙的成功首飞，标志着蓝天上终于有了一款属于中国的完全按照世界先进标准研制的大型客机，我国终于具备了研制一款现代干线飞机的核心能力，中华民族百年的"大飞机梦"取得了历史性突破。为此，中共中央、国务院发来了贺电。

这天，陈明德也在现场。

当他看着 C919 稳稳落地，听着党中央的贺电内容，又想起了当年在上飞厂里的场景，"想起自己给习书记展示衣袖上五星红旗的那一幕"。

对于走在前列的国家级重大科技创新项目，习近平始终高度关注，要求上海聚焦国家战略，为建设创新型国家担起应有的重任。他不仅在项目建设的关键时刻前去鼓舞项目团队，而且一直记挂在心。

2007 年 7 月，习近平来到同济大学嘉定校区调研，杨志刚从海外归来不久，他领衔的团队正在建设中国第一个整车汽车风洞。

当时四层楼高的风洞已经能看到雏形，杨志刚向习近平详细汇报了汽车风洞的原理、项目的新模式和对中国汽车工业的带动影响。习近平听得很认真，杨志刚说："建好后请您再来看。"

两年后，风洞建成。杨志刚写信给已到中央工作的习近平，报告了这个好消息。很快，习近平委托工作人员致电上海市委，对中国第一个汽车风洞建成表示祝贺。

和杨志刚的经历相似，徐洪杰也是在项目攻坚的关键阶段，迎来了习近平的考察，并受到了很大的激励。

作为中科院上海应用物理研究所所长，徐洪杰从 1995 年开始就参与上海光源项目的筹备，经历了十年充满争议和挫折的立项过程后，才迎来了 2005 年胜利开工之后的"势如破竹"。

到了 2007 年，这个项目已经处在建设的关键阶段。当年 7 月，习近平前往调研。他跟项目团队说："在来的路上就和随行的同志讨论，上海光源的意义恐怕和'两弹一星'差不多。建好上海光源，将标志着我国在高科技领域达到一个新的层次。"

习近平这番话，触动了徐洪杰和在场同事们的内心。"在我们心中，'两弹一星'是中国大科学工程的起点和丰碑，是上海光源工程学习的楷模。习书记这句话，对我们的激励胜过千言万语。"

在习近平来调研前，上海光源项目团队主要考虑的是把项目做好，关心的是这个工程本身。但习近平启发他们，要以上海光源工程、浦东科技园作为"院市合作"的新载体，更好地聚焦国家战略、服务国家战略。这批长期奋战在一线的科技工作者，看到了自己工作更高层面的价值，激发了他们心中的理想。

2013 年，徐洪杰代表上海光源项目团队去北京领奖，给他颁奖的正好是习近平总书记。

走上台时，习近平远远地就认出了徐洪杰，笑着招呼："'大光源'来了！"徐洪杰再次感到惊喜和亲切，他至今还记得总书记当时叮嘱的话："一定要把上海光源运行好、开放好、应用好。"

"要在全社会培养创新意识，大力倡导敢为人先、勇于创新的精神，积极营造鼓励创新、宽容失败的良好氛围。"

"上海是自然资源短缺、环境承载能力有限的城市，发展到

2007 年 7 月 3 日，习近平调研上海光源工程建设

GDP 超万亿元的今天，靠粗放式扩张难以为继，必须进一步发挥科教和人才优势，走创新驱动发展道路。"

……

对于上海的科技创新，习近平强调聚焦国家战略，走在全国前列。同时，他也关注上海如何在全市范围内营造创新氛围，形成创新动力。

2007 年 9 月，暑热不减。习近平来到地处徐汇区的上海漕河泾新兴技术开发区，在展厅参观时，不时地拿手巾擦汗。但他看得非常认真，在各个高新技术企业展台前驻足，关心企业研发创新方面的各类细节问题。

担任现场讲解的是开发区发展总公司常务副总经理陈青洲，他是漕河泾的"老开发"。习近平了解到漕河泾开发区 20 多年来依托科技创新发展壮大的过程后，表示"成果很大、不容易"，并在临走时跟陈青洲说："我还要来。"

当天在徐汇区的座谈会上，习近平再次肯定了漕河泾开发区的科技创新成就，并提出徐汇有基础、有条件率先突破，为加快建设创新型城市作出新贡献。

"构建创新体系，关键要落实到科技创新成果的转化运用上。要建设公共服务平台，营造良好环境，促进技术交易，鼓励支持科研成果走出实验室变为现实生产力，使科技创新成果更好地为经济社会发展服务。"在这场座谈会上，习近平这样说。

2007 年，通信技术还处在 2G 向 3G 过渡的时代，互联网对社会经济的影响也远没有达到今天的程度。但习近平已经看到了信息化、数字化带来的创新机遇。

2007年9月6日，习近平在徐汇区上海漕河泾新兴技术开发区调研科技创新情况

"信息科技革命的兴起，是当今世界具有划时代意义的标志性事件，深刻地改变着人们的生活方式、生产方式和思维方式。"

这番话，是习近平在长宁区调研时说的。那天，他来到当时区里第一栋税收"亿元楼"——多媒体产业园。这栋"亿元楼"里，"数字长宁"的创新动力集中涌现：既有大量广告、动漫等领域的数字传媒创新创业企业，也有高科技的"国家队"，比如通过部市合作，4G 技术正在研究攻关，国产大飞机最早的三维设计也在这里起步。

产业园总经理冯燮坤向习近平重点介绍了园区内的研发公共服务平台，由市科委和长宁区共同出资采购设备，为初创企业提供研发的公共服务。习近平对这一做法非常赞赏，他说："这就是各级政府要做的事情，政府就是要服务好企业，为企业营造良好的创新环境。"

冯燮坤说："这里是出'神话故事'的地方。"随后，他介绍道：2003 年分众传媒在这栋楼里以 50 万元人民币注册揭牌，到 2007年 8 月，它在纳斯达克的市值已经达到 50 亿美元。

下午调研结束时，已经大大超过预定时间。临别时，习近平特地跟冯燮坤说："希望你们能多出'神话故事'。"

在习近平眼中，创新怎么强调都不过分，它是上海发展进程中的"执牛耳者"。

2007 年 5 月 21 日，习近平在调研科技创新工作时，郑重地说："实施科教兴市战略，是上海建设创新型城市的关键抓手，是上海加快推进'四个率先'、加快建设'四个中心'和现代化国际大都市的强大动力。"

当天，习近平重点调研了中科院上海分院的多个研究所，并在上海分院与科技工作者举行了科技创新座谈会。"要把握关键、聚焦突破，加快提高自主创新能力，努力走出一条依靠科技进步带动经济社会发展的新路。"这句话，给中科院上海技术物理研究所所长王建宇留下了深刻印象。

到中央工作后，习近平一直念兹在兹。不仅每次参加全国人大上海代表团审议时，都对上海的创新发展寄予厚望，而且在 2014 年 5 月考察上海时，再次深刻分析发展大局："当今世界，科技创新已经成为提高综合国力的关键支撑，成为社会生产方式和生活方式变革进步的强大引领，谁牵住了科技创新这个牛鼻子，谁走好了科技创新这步先手棋，谁就能占领先机、赢得优势。"

在这次考察中，习近平给上海布置了一个任务：上海要加快向具有全球影响力的科技创新中心进军。从此，上海在建设国际经济、金融、贸易和航运"四个中心"的同时，又有了建设第五个中心的重任——具有全球影响力的科技创新中心。

2015 年 3 月 5 日，习近平参加全国人大上海代表团审议，第一次把"创新"二字放进了中央给上海的定位中："继续当好全国改革开放排头兵、创新发展先行者。"

2018 年 11 月，习近平考察上海。其中一项重要内容，就是调研上海科创中心建设。

6 日下午 4 时许，习近平来到张江科学城。这里聚集了一大批科研机构，是上海科创中心建设的核心功能区。

在张江科学城展示厅，习近平遇到了老熟人。11 年前参加中科院上海分院座谈会的王建宇已经是中科院院士、中科院上海分院

2007 年 5 月 21 日，习近平调研中科院上海分院

院长，这天临时客串航空航天展区的讲解员。

"这是我们的长征六号火箭，由上海航天技术研究院研发，它是一种无毒无污染的新型火箭，具有把 500 公斤载荷送到 700 公里轨道的能力，曾经还创下一箭 20 星的纪录……"王建宇汇报起上海航空航天近年的大项目时，如数家珍。

习近平频频与他交流。"看得出，总书记对'悟空号'暗物质粒子探测卫星、C919 大飞机等，都非常了解。"王建宇事后这样回忆。

在展示厅，习近平还参观了大科学设施、集成电路、生物医药等展区。他跟在场的科技工作者亲切交谈，强调："科学技术从来没有像今天这样深刻影响着国家前途命运，从来没有像今天这样深刻影响着人民生活福祉。在实现中华民族伟大复兴的关键时刻，要增强科技创新的紧迫感和使命感，把科技创新摆到更加重要位置，踢好'临门一脚'，让科技创新在实施创新驱动发展战略、加快新旧动能转换中发挥重大作用。"

2007 年在上海工作期间，习近平深切地认识到，上海发展到现在，靠粗放式的扩张是难以为继的，"必须要把自主创新融入全市各方面、各领域和各项工作中，推动管理创新、制度创新、文化创新等，使创新真正成为上海发展的动力源泉"。

13 年后的 2020 年，是上海基本建成国际经济、金融、贸易、航运中心之年，也是具有全球影响力的科技创新中心形成基本框架之年。注重创新发展，坚持将创新作为引领发展的第一动力，聚焦加快建设具有全球影响力的科技创新中心，是上海进入 21 世纪 20 年代后的关键点。

当然，习近平讲"创新是引领发展的第一动力"，并非只针对上海。2015 年全国两会期间，习近平在参加上海代表团审议时，就提出了一个重大论断："必须把创新摆在国家发展全局的核心位置。"

2015 年 10 月 29 日，党的十八届五中全会通过《中共中央关于制定国民经济和社会发展第十三个五年规划的建议》。《建议》强调，实现"十三五"时期发展目标，破解发展难题，厚植发展优势，必须牢固树立创新、协调、绿色、开放、共享的发展理念。

习近平在全会上，对新发展理念作出深刻阐释。他指出：这五大发展理念不是凭空得来的，是我们在深刻总结国内外发展经验教训的基础上形成的，也是在深刻分析国内外发展大势的基础上形成的，集中反映了我们党对经济社会发展规律认识的深化，也是针对我国发展中的突出矛盾和问题提出来的。创新发展注重解决发展动力问题，协调发展注重解决发展不平衡问题，绿色发展注重解决人与自然和谐问题，开放发展注重解决发展内外联动问题，共享发展注重解决社会公平正义问题。

2017 年 10 月，党的十九大将坚持新发展理念列入新时代坚持和发展中国特色社会主义的基本方略。2017 年 12 月，中央召开经济工作会议，明确新发展理念是习近平新时代中国特色社会主义经济思想的主要内容。

习近平一再强调："中国如果不走创新驱动发展道路，新旧动能不能顺利转换，就不能真正强大起来。"在他眼中，发展是第一要务，人才是第一资源，创新是第一动力，创新要成为高质量发展的强大动能。

"两个毫不动摇"必须长期坚持

上海是国企重镇，也是民企集聚地。习近平对两者的发展都高度重视，这从他当年的调研足迹中就能看出。

2007年4月24日，到任上海刚满一个月，习近平来到宝山区调研。这天，他去了两家企业，一家是国企龙头宝钢集团，一家是活跃在宝山区的民营企业华冶钢铁集团。

在宝钢，习近平察看不锈钢生产线，了解企业生产情况。他指出，上海是中国工人阶级的发源地，是国企重镇，宝钢的创业发展，见证了中国工人阶级的卓越智慧和力量。"我们必须始终坚持全心全意依靠工人阶级的方针，始终坚持发挥工人阶级主力军作用，始终坚持工人阶级的主人翁地位。"

生产工人围了过来，习近平跟他们亲切握手，并向他们致以劳动节的问候："宝钢取得的巨大成功，说明国有企业和国有经济完全能够搞好。我们有信心和决心进一步搞好上海国有企业的改革和发展，同时也要推动国有经济和非公经济相得益彰的发展，不断提升上海整体经济实力。"

接着，习近平一行来到华冶钢铁集团，察看了这家集钢铁加工、零售、配送于一体的民营企业，了解企业发展情况。

随后举行的座谈会上，在谈到上海经济发展时，习近平强调，要坚持"两个毫不动摇"，深化国资国企改革，切实增强国有经济

2007 年 4 月 24 日，习近平调研宝钢集团

的竞争力和控制力；也要积极营造良好的投资环境，促进民营经济健康快速发展，同时要积极引导、加强监管，促进民营经济健康成长。

"毫不动摇地巩固和发展公有制经济"，"毫不动摇地鼓励、支持和引导非公有制经济发展"，习近平对这"两个毫不动摇"的再三强调，不仅是对宝山讲的，也是讲给全市干部听的。

四天后的 28 日下午，习近平在黄浦江畔的上海国际会议中心，会见了 50 位荣获第二届"上海市优秀中国特色社会主义事业建设者"称号的非公有制经济人士。

这是一次场面很大的见面会，也是一次让上海的非公经济人士倍感暖心的交流会。作为参加者之一，时任上海富申国有资产评估有限公司董事长樊芸清楚地记得，习近平那天和获奖者一一握手。"习书记的身板很挺直，面容和蔼可亲，我们上前自报家门，他便亲切地和大家打招呼。"

在和大家合影后，习近平对获奖代表说，上海发展正处在关键时期，迫切需要继续充分发挥民营企业在促进经济增长、扩大就业和活跃市场等方面的重要作用，充分调动非公经济人士的积极性、主动性和创造性。

习近平鼓励大家："希望全市非公经济人士，抓住机遇，敢为人先，走出一条符合上海特点的非公经济发展新路，为促进经济社会又好又快发展再立新功。"

那时候，樊芸的公司正处于发展和转型阶段，她作为基层推选的代表，能见到习近平很激动，也深受鼓舞。

后来，樊芸作为一名非公经济代表，先后被选为徐汇区、上海市和全国人大代表。在全国人大代表履职过程中，樊芸与同在上海代表团的习近平有过多次沟通交流，"无论是当年在上海工作期间，还是后来到中央工作后，他对发展好非公经济的期望和嘱托，我们都牢记在心头"。

2007年7月中旬，习近平在青浦区调研时，了解到民营经济实现的税收已经占到青浦全区税收的50%以上。他对青浦的干部说："民营经济也是青浦经济发展的一个特色，我在宝山调研的时候，强调了'两个毫不动摇'。中央有明确的要求，这也是上海发展必须长期坚持的指导方针，所以我们要创造良好的投资环境，引导企业增强自主创新能力，促进民营经济持续健康发展。"

一个半月后，习近平冒雨赴奉贤区调研，这里的民营经济同样十分活跃。在上海神力科技有限公司，习近平察看了燃料电池发电站、汽车燃料电池发动机等研发情况，并试乘了新研制的燃料电池城市大巴。他鼓励科技人员不断努力，争取产品早日上路使用。

在同奉贤区领导干部座谈时，习近平着重指出："促进民营经济快速健康发展，要充分把握长三角联动发展机遇，进一步加强与周边地区的合作，努力实现优势互补、联手做强。要大力弘扬发奋图强的创业精神，支持和鼓励更多的人自力更生、自主创业，使奉贤真正成为创业者的乐园、民营企业的乐土。"

9月4日，习近平来到普陀区调研。普陀区民营经济的一大特色是民营科技企业已成为区域自主创新的主力军。

习近平听取汇报后说，普陀区要进一步发挥市场作用，着力营造民营经济发展的良好环境。要强化产学研联盟，采取措施缓解民营企业的融资瓶颈，为民营企业引进各类高层次、紧缺人才提供高效优质的公共服务，还要发展一些"民办、公助、党领导"的商会、行业协会。

他临走时叮嘱区干部："要利用上海'西大堂'的优势和特点，重点引导发展集聚型、服务性、高端化民营经济，为提升上海民营经济的核心竞争力作出贡献。"

在上海工作期间，习近平对国企民企的调研穿插进行，都很重视。

2007年6月19日，习近平用了整整一天时间，到地处上海西南部的闵行区调研。这次，习近平把调研重点放在制造业，其中不少是国有企业。

在上海重型机器厂有限公司，习近平听了有关负责人的介绍后，语重心长地对区委领导说："上海重型机器厂曾经为上海和全国的工业发展提供了许多大型的机器设备，毛泽东、周恩来、刘少奇同志都很关心，都来看过。我要给闵行区的领导提个要求，无论如何，要为这些老企业提供有效的服务，帮助它们解决转型中面临的困难。"

那年8月底，习近平到上海市国资委作专题调研。他来到每个处室问候大家，听取大家的介绍，全面系统地了解上海国资国企改革发展情况。

给上海市国资委主任杨国雄留下很深印象的，除了习近平对国资委工作的肯定和鼓励，更有他在调研座谈中特别强调的上海国资国企改革在全国的特殊意义。"从全国看，上海国有经济的地位举足轻重，上海有责任率先探索推进国有经济又好又快发展的新路，也为全国其他地区的国资国企改革提供经验和借鉴。"

　　一年后，上海发布了推进上海国资国企改革发展的相关文件，将习近平调研时提出的要求都融入其中。党的十八届三中全会后，上海贯彻落实党中央有关精神，率先发布了"上海国资国企改革20条"，成为全国最早推动新一轮国资国企改革的地方。

　　在深入区县的调研中，习近平时刻关心各类市场主体的发展，不仅不遗余力推动国资民资共同发展，对外资也相当重视。

　　2007年9月，习近平来到长宁区的上海世贸商城调研。当时作为上海建设国际贸易中心的承接项目，世贸商城聚集了一大批来自美、英、法、俄、日的跨国公司采购中心。

　　世贸商城总经理田浩介绍说："这些跨国巨头将采购中心聚集在世贸商城，一方面看中上海在建设国际贸易中心，另一方面是依托遍布长三角的生产加工基地，大量采购服装、玩具、生活用品等。"同时，他也向习近平汇报："集聚这些企业难度很大，因为它们是同行买家，很多信息要互相保密，但权衡利弊后，它们还是选择落户在这里。"

　　听完汇报，习近平一边参观，一边对田浩等人说："你们在一个屋檐下，集聚了45家世界500强跨国公司，这是非常了不起的成就。"

　　就在世贸商城里，习近平与长宁区的干部进行了座谈交流，他表示："今天看到的跨国公司、采购中心、世贸商城建设，很有影响力、很有代表性、很有特色，长宁的商贸中心功能要开拓、挖掘潜力，在上海起到举足轻重的作用。"

　　主政上海的七个多月中，习近平还会见了很多来沪的跨国企业负责人。会见时，习近平总是问得特别仔细，不仅问对方企业的情况，还要问国外经济金融市场的情况，以及对方对中国特别是上海经济发展的看法。

习近平到中央工作后，很多重大问题的思路延续和发展了他在上海期间的思考。

2007年4月28日，作为50位受表彰的非公有制经济人士之一，上海君悦律师事务所首席合伙人刘正东也在现场。多年后，刘正东对习近平的讲话记忆深刻："那天会上，他提出了关于亲商、兴商、安商、富商的要求，令我们非常感动。他要求着力优化政策环境、市场环境、法制环境、服务环境、社会环境'五个环境'，对今天大力倡导并建设的国际化、便利化、法治化营商环境仍有不言而喻的启发意义。他会见我们时的讲话，虽然发生在十多年前，但现在回顾学习起来，仍觉得具有很强的超前性、针对性、指引性。"

这些年来，习近平始终对国企和民企寄予厚望，并不断提出新的要求。

2013年11月，在党的十八届三中全会上，习近平明确指出："改革开放以来，我国所有制结构逐步调整，公有制经济和非公有制经济在发展经济、促进就业等方面的比重不断变化，增强了经济社会发展活力。在这种情况下，如何更好体现和坚持公有制主体地位，进一步探索基本经济制度有效实现形式，是摆在我们面前的一个重大课题。""坚持和完善公有制为主体、多种所有制经济共同发展的基本经济制度，关系巩固和发展中国特色社会主义制度的重要支柱。"

2014年3月5日，习近平参加全国人大上海代表团审议时，陈戌源代表作了发言。习近平问道："现在上海港集装箱总量怎么样？"陈戌源说："3360 万标准箱一年，连续四年位居世界第一。"

对国企改革，陈戌源提出，要进一步发展混合所有制经济、推进研究职工持股制度改革，国企负责人要担当起社会责任。

习近平听到这里，对大家说："深化国企改革是篇大文章。国有企业不仅不能削弱，还要加强，要在深化改革中自我完善，要凤凰涅槃重生，不能不思进取、不思改革、抱残守缺，要切实担当起社会责任，树立良好形象。"

2018 年，针对一段时间以来社会上出现的一些怀疑和否定民营经济的言论，比如"民营经济离场论""新公私合营论""加强企业党建和工会工作是要对民营企业进行控制"等，习近平连续发表重要讲话。

从 9 月下旬起，他在东北三省考察时重申"两个毫不动摇"；在给"万企帮万村"行动中受表彰的民营企业家回信中明确"任何否定、弱化民营经济的言论和做法都是错误的"；在广东考察时提出"要为民营企业、中小企业发展创造更好条件"……

11 月 1 日上午，全国 50 多位民营企业家受邀来到北京，参加习近平亲自提议并主持召开的民营企业座谈会。

习近平讲话时再次强调："无论福建、浙江还是上海，我们恰恰是在实践中认识到民营企业的不可替代性和重要作用，更加坚定了对中国特色社会主义基本经济制度的理解，我们党已经把这些理论创新、实践创新成果上升到制度层次。"

习近平指出："我们强调把公有制经济巩固好、发展好，同鼓励、支持、引导非公有制经济发展不是对立的，而是有机统一的。

公有制经济、非公有制经济应该相辅相成、相得益彰，而不是相互排斥、相互抵消。"

"非公有制经济在我国经济社会发展中的地位和作用没有变！我们毫不动摇鼓励、支持、引导非公有制经济发展的方针政策没有变！我们致力于为非公有制经济发展营造良好环境和提供更多机会的方针政策没有变！我国基本经济制度写入了宪法、党章，这是不会变的，也是不能变的。"

"总之，基本经济制度是我们必须长期坚持的制度。民营经济是我国经济制度的内在要素，民营企业和民营企业家是我们自己人。"习近平的话语掷地有声。

这个气氛热烈的座谈会，上海有多位民营企业家参加，商汤科技创始人汤晓鸥是十位发言者之一。他在会上重点谈了制约我国人工智能产业发展的瓶颈和对策。会后，他用两个字概括了自己的感受：信心。

"三农"绝不是"微不足道"的

在很多人看来，上海农村小、农民少、农业经济比重低，占GDP不到1%的比例"微不足道"。但习近平在上海工作期间，高度重视"三农"工作，认为这绝不是"微不足道"的问题。上海像全国其他地方一样，也面临城乡之间发展不平衡、不协调的突出矛盾和现实问题。短短七个多月时间里，他深入上海郊区农村，走田头，访农户，听民生，摸民情，解民忧。

在南汇区的一次调研中，他对区里干部说："破除二元结构，就是要把农村抓好，新农村建设这个战略任务一定要在上海得到体现，不能说我们是国际化大都市，就轻农，就忽视农业，忽视'三农'。"

在全市的一次大会上，习近平对全市干部说："要更加注重郊区农村发展，坚持工业反哺农业、城市支持农村和多予少取放活的方针，加快转变农村生产生活方式，在解决'三农'问题、破除城乡二元结构上走在前列。"

"农，天下之本，务莫大焉。"最简单质朴的一个"农"字，背后是民生之要、执政之基。

2007年6月12日，习近平到金山区调研。区长吴尧鑫一上车，习近平就对他说："你今天的主要任务是陪我多看看，汇报可以少一些。我以前每次从浙江来上海，都会经过金山，对金山很关注，也有所了解。"

在车上，习近平开始"考"吴尧鑫："你讲讲看，现在农村百姓最希望解决哪些问题？"

吴尧鑫说："我到金山工作半年多，听到基层干部反映，新农村建设中政府部门认为办了不少好事，但有些好事老百姓一下子还不能完全接受。比如，有的村建起了几幢高楼，让农民从简陋平房里搬出来，'洗脚上楼'。但农民抱怨生活反而不方便了，种地的锄头没地方放了，种菜种葱的小园子没了。"

习近平问："对这个现象，你怎么看？"

吴尧鑫答："集中居住的方向是对的，这件事必须要做。但政府服务百姓一定要注重实效，让农民得实惠。改变农民的生活方式，要与改变农村的生产方式结合得更加紧密。"

习近平说："改革发展要讲规律，给百姓办好事也要讲规律。那你准备怎么改变这个现象呢？"

吴尧鑫说："农民宅基地置换后，住进了现代化小区，我们仍要关心他们生活、文化、精神等各方面需求。而对于仍旧住在村宅平房里的农民，我们要想办法让他们也能够享受城区市民的现代化生活方式。"

习近平点头表示赞同。

对此场景，吴尧鑫至今记忆犹新。其实，上海许多领导干部都记得，当年习近平在不同时间、不同场合都强调，"三农"问题是关系国计民生的根本性问题，必须坚持重中之重的战略地位。

但作为国际化大都市的上海，农业比重低、农村人口少，为何要高度重视"三农"工作？彼时，不少干部对此心中还有些疑惑。

在多个场合，习近平深刻分析了"三农"对于上海的重要性。在上海市农村党的建设"三级联创"活动工作会议上，习近平说："统筹城乡发展，加快社会主义新农村建设，是我们党立足于全国发展大局作出的重大战略部署。尽管上海农业比重低，但我们绝不能以比重来看地位。从战略上看，它仍是重中之重。"

为何是"重中之重"？习近平条分缕析帮助上海干部提高认识：

从上海自身发展角度看，中心城区只有 600 平方公里，而郊区 6000 平方公里则是上海未来经济发展的重要战略空间，只有把郊区农村建设好，才能进一步提升上海的综合实力。

从民生角度看，实现好、维护好、发展好农民群众的根本利益，提高、改善农民的生产生活水平，是各级党委和政府必须履行的重要职责。

从统筹城乡角度看，城市与农村、农业与二三产业之间有着非常紧密的依存关系，正确处理城乡关系、工农关系，实现一二三产业协调发展和城乡共同进步，是构建和谐社会的重要基础。

从人与自然协调发展角度看，农业不仅具有经济效益，还具有生态效益、景观效益、社会效益和资源效益。比如，广大农村地区是整个城市不可或缺的生态屏障，是城市的"氧吧"和"绿肺"，这是其他任何产业不能替代的。

从城市的战略储备角度看，上海必须加强建设基础农业设施。万一遇到突发事件，靠外调解决不了上海的食品供应问题，必须要有自己的"菜篮子"、粮食基地和农副产品基地。

习近平对"三农"工作的重要论断，科学回答了上海如何看待"三农"、对待"三农"、抓好"三农"的问题，全面阐述了解决好"三农"问题在现代化全局和长远发展中的根本地位，把解决"三农"问题的重要性提升到了历史新高度，为上海推进"三农"工作提供了根本遵循。

2007年6月，习近平来到金山区吕巷镇"皇母"蟠桃基地，这里矮墩墩的桃树黝黑壮实，叶片青翠。当区领导向他介绍镇长施芬芬时，习近平风趣地说，"那你就是王母娘娘啰"，众人哈哈大笑。

习近平一边察看蟠桃长势，一边细细询问：亩产多少？品种是从哪里引进的？销往哪里？蟠桃合作社的运行情况怎样？

施芬芬告诉习近平，"皇母"蟠桃是从江苏引进的品种，现在是吕巷农业的主导产业。"皇母"蟠桃基地已经成为农民致富的聚宝盆，涌现了一批农民致富带头人，为1000多个农村剩余劳动力提供了就业岗位。习近平边听边微笑着点头。

习近平又问："这里的蟠桃树为什么都这么矮？虫害多吗？"合作社负责人说，蟠桃树树形矮化有利于吸收阳光，也方便采摘。蟠桃的确容易招虫害，不过，合作社在技术专家指导下很好地解决了虫害难题。

"你们办蟠桃大会吗？"习近平笑问。"王母娘娘"施芬芬乐呵呵答道，镇里准备7月下旬举办吕巷首届蟠桃节，扩大"皇母"蟠桃知名度和美誉度，广告已经打出去了。

习近平特地跟区里干部说："金山要建设百里花园、百里果园、百里菜园，成为上海的后花园。"

"习书记的'三个百里'，讲到了我们郊区基层干部的心坎里！让我们感到，上海农业的确大有可为。"施芬芬感叹道。吕巷打响"皇母"蟠桃品牌后，施芬芬就一直在思考：蟠桃上市时间太短，只有半个多月时间，作为一个农业镇，吕巷怎么让农民持续增收？此后，她和镇村干部、合作社技术能手们办起了水果公园，想方设法拉长产业链，培育了30多种水果，让吕巷一年四季水果飘香。

习近平每到一地调研，都会叮嘱上海农口的同志，发展现代农业要学习借鉴"荷兰经验"，将农业搞得很精致、很现代化，具有高附加值，成为一个亮点。

在奉贤调研时，习近平冒雨察看了庄行镇水稻作物种植示范孵化基地。他叮嘱："上海郊区大片良田不多，要保护好。"在闵行区调研时，他指出，"农业不求大而求精"，"在现代农业方面起到一个试验田、示范区的作用"。在宝山区调研时，他提出："要依托大都市的综合优势，坚持农业的科技化、集约化发展，大力发展现代、生态、高效、特色农业，全面提升农业的经济功能、生态功能和服务功能。"

2007年7月，嘉定区马陆镇的葡萄熟了。习近平在嘉定区调研时，来到位于马陆镇东北角的葡萄主题公园。那时，马陆葡萄主题公园刚建园两年多，是国内首家以葡萄为主题的公园，吸引游客"赏葡园风光、游葡萄长廊、品葡萄美食、摘葡萄美果"。

习近平走进葡萄公园后，坐在木凳上，面前木桌上一长溜摆放了30多个品种的葡萄，每盆葡萄前面放着写有品种名称的牌子。公园服务人员为习近平递上一杯葡萄汁，请他品尝。习近平一口气喝完，夸奖"味道很好"。马陆葡萄研究所所长单传伦心头一暖，顿时感到这位领导非常亲切，接地气。

习近平问单传伦："马陆葡萄是哪一年开始大面积种植的？现在有多少亩？培育了多少品种？"老单一一道来。马陆从20世纪80年代初开始种植葡萄，引种栽下2.2亩巨峰葡萄，拉开了"一颗葡萄的传奇"序幕，现在有5000多亩，培育了30多个品种。老单最深切的体会是，农业要出精品，科技加品牌是关键，马陆葡萄公园就是以500亩设施葡萄为依托，采用现代农业设施栽培技术，集葡萄科研、示范、培训、休闲于一体。

随后，在嘉定区的调研座谈会上，习近平评价说："马陆葡萄主题公园，是上海的吐鲁番。"他明确指出："现代农业，不仅应该体现在设施农业、种源农业、精细农业、高效生态农业上，而且

2007年7月5日，习近平在嘉定区调研现代农业发展情况

还可以和其他产业融合""应该把现代农业发展起来，做精、做优、做强"。

"小康不小康，关键看老乡。"这是习近平下乡时，常挂在嘴边的一句话。对于上海的"三农"问题，习近平关注农业的产业化、科技化发展，其核心是关心农民的生活，强调让农民有更多获得感。

2007年，上海郊区正在大力推进"三个集中"：人口向城镇集中，产业向园区集中，土地向规模经营集中。奉贤区庄行镇新华中心村是试点之一，村里许多农户宅基地置换后，住进了镇上建设的丽水湾小区，和中心城区的小区并无二致。

2007年5月，吴德龙一家搬进丽水湾小区，两室两厅的住房宽敞亮堂。8月，他的新家迎来了一位特殊客人——习近平。

习近平坐在客厅方桌边，与吴德龙一家人促膝交谈，"搬到新居，住得惯吗?"老吴乐呵呵连声说："住得惯，住得惯!原先住在村里，家里电视机是有的，但没有装上有线电视，只有几个频道可以看，现在有60多个频道呢!"习近平关切地询问老吴一家现在的工作和生活情况。老吴说，自己在村里做招商引资工作，有工资收入，家里的承包地还种上了蜜梨，也有一笔收入。

对于新华村宅基地置换，习近平评价说，庄行镇"三个集中"试点，总的方向是对的，把土地节约出来，集约运作，符合土地紧缺的东部地区的发展需要，也符合一些农民非农化以后向城市转化的需要，是打破城乡二元结构、提高新农村建设水平的需要。

什么是城乡一体化?在奉贤调研座谈会上，习近平明确提出，

2007年8月29日，习近平在奉贤区调研社区卫生服务中心

"一体化"要求城与乡在很多方面是互通的，农村生活水平和城市生活水平相比，不应有质的差别。他举了吴德龙的例子："现在，农民和城市居民收入差距还是存在的，从事纯农业的农民，收入要低一些，但像新华村老吴家，你看他家的生活水平，跟城里没有质的区别，管道煤气、冰箱、有线电视60多个频道，各方面都很好。"

城乡一体化，最直观、最实在的是"细微"处的落实。一台电视机、一条村路、一个灶头、一处厕所……都是一体化的观察点和着力点。习近平叮嘱上海干部，在公共服务供给上，让农民共享现代化和改革的成果。

在南汇区调研时，习近平指出，"基础设施的改善，向一体化方向走，城市向农村延伸，水电路桥将来村村通、户户通"，"垃圾处理要实行村收集、乡镇集中、区县处理"，"改灶、改厕等都应该全面推开"，"软件，就是镇保、社保、合作医疗制度的建立，对于三无人员、五保户的集中供养，上海要解决得好一点，力度要再大一些"。

在闵行区调研时，习近平要求，"在公共事业上，要加大对农村基础设施建设和社会事业发展的倾斜力度，切实改善农民生活环境，提高农民生活质量"。

这些重要论断，为推动上海城乡一体化公共服务制度体系的加快构建提供了基本遵循。

在上海推进新农村建设中，习近平十分重视解决农村经济发展不平衡问题，特别强调"输血"和"造血"并重，从体制机制上解决问题。

2007年8月9日，习近平在南汇区调研农业合作社发展情况

习近平指出："我们应该清醒地认识到，上海城乡二元结构的矛盾依然存在，解决农村问题的任务依然艰巨。"然后，他作了深入剖析：

一是城乡居民收入差距较大。"尽管上海农民的收入在全国是最高的，而且近年来收入以两位数稳步增长，但还是赶不上城市市民收入增长速度。"

二是郊区基础设施建设比较滞后。"目前，农村还有不少道路是砂石路或泥路，还有不少桥梁存在不同程度的损坏，一半的行政村还没有通公交，农村生活垃圾、污水处理率较低，河道黑臭淤积现象比较严重，对农民的生产生活带来了很大影响。"

三是农村公共服务有待完善。"农民看病、子女上学等依然是农民呼声较高的问题。部分村级文体设施比较简陋，农村精神文化生活还不很丰富。"

"本市经济薄弱村的面较广、量较大，推进其发展经济的任务很重。"这是 2007 年 8 月 8 日习近平在上海市农委《情况专报》上作的批示。他要求农口的同志抓紧落实、务实求效，切实把这项工作当作"三农"工作和新农村建设的一项重要内容抓紧抓好。

习近平要求，加大公共财政向"三农"的倾斜力度，确保每年的支农资金稳定增长，特别是要加大市级财政对中远郊经济薄弱地区的倾斜力度，加大对农村基础设施建设和社会事业的投入力度，为基层党组织提供必要的财政保障。

在奉贤区调研时，习近平指出，要加强对经济薄弱村的扶持，加大"输血"力度，增加公共财政投入，帮助经济薄弱村改善村容村貌，改善群众生产生活设施。他强调："要增强经济薄弱村'造血'功能，努力探索有效途径，发展壮大农村经济，加快培育新型农民，使经济薄弱村尽快走上良性发展的轨道。"

在松江区调研时，他说："要加大财政转移支付力度，公共财政要向农业地区倾斜，实现基本公共服务全覆盖。"

由此，上海加大了城乡联手结对的力度。上海的中心城区和市委各大系统工作党委，探索形式多样的帮扶模式，积极与远郊区县经济薄弱村结对帮扶。例如，静安区资助崇明建设乡镇文化、卫生中心；卢湾区帮助奉贤实现有线电视、水泥马路户户通，农村河道、农田水渠条条通。许多企事业单位也纷纷发挥自身优势，帮助结对村增强"造血"功能。到2007年底，全市358个经济薄弱村全部找到了"亲家"。

在习近平看来，农民问题的核心是增进利益、保障权益。

他进一步指出问题的关键点："在确保农民利益前提下，通过土地流转发展规模农业，转变农业增长方式，提高现代农业能级。"

在深化农村改革方面，习近平强调坚持不懈推进制度创新，激活农业农村发展新动力。他提出，在推进改革过程中，既要稳定好农村基本经营制度，也要保护好农民的利益。

在松江区调研时，习近平说："尽量地转移农民，提高城市化水平，使更多的相对富裕起来的农民、有条件转移的农民，转移到城市去、转移到非农行业上来。"

在奉贤区调研时，习近平要求："公共财政加大对经济薄弱村的扶持，在此基础上培育集体经济财力，依靠三产等物业，通过增加一些不动产，提高农民收入。"

正确对待农民，真诚善待农民，习近平重农尊农爱农之情，给

2007 年 8 月 23 日，习近平在松江区调研

上海干部群众留下深刻记忆。

习近平在上海工作期间有关"三农"问题的重要论断，体现了以人民为中心的发展思想，科学回答了农村发展为了谁、发展依靠谁、发展成果由谁享有的根本问题，推动了上海农民收入持续较快增长。

到中央工作后，习近平始终把解决好"三农"问题，视为全国工作重中之重。党的十八大报告提出，推动城乡发展一体化是加快转变经济发展方式的重要任务。

沿着习近平指引的方向，上海在 2015 年初出台了《关于推动新型城镇化建设　促进本市城乡发展一体化的若干意见》，这被称为"上海城乡发展一体化路线图"。这些年来，上海认识到，要建设好"五个中心"，就必须解决城乡二元结构问题。因为上海未来发展的主要空间潜力在郊区，不解决郊区的发展问题，上海的城市能级提升就面临瓶颈制约。

2017 年 10 月，"实施乡村振兴战略"不仅写进了党的十九大报告，更是写入了修改后的党章。这一战略，是推动中国经济高质量发展的重要组成部分，也是做好新时代"三农"工作的总抓手。

在谋划"十四五"发展规划时，上海更是明确提出，要积极探索创新，走出一条与上海超大城市功能定位相匹配的乡村振兴新路子，真正实现产业兴、农业强、农村美、农民富。

四、解读无形密码，凝聚精气神

2018 年 11 月 6 日上午，位于浦东陆家嘴的上海中心大厦，迎来一位老熟人。

11 年前，他多次来到陆家嘴地区调研，亲自研究这个黄金区域的规划，亲自审定上海中心大厦的设计方案。如今，这座总高度632 米的大厦，是已建成的中国第一、世界第二高楼。

坐高速电梯来到 119 层观光厅，他俯瞰上海城市风貌。东方明珠、环球金融中心、金茂大厦、杨浦大桥、世博园区等尽收眼底，一处处经典建筑铺展成一幅壮美长卷。大厅内，一幅幅照片今昔对比，生动展示上海改革开放以来的发展景象。

他不时驻足观看，同大家交流，回顾上海城市发展历程。他动情地说："改革开放以来，中国发生了翻天覆地的变化，上海就是一个生动例证。"

随后，他又熟练地道出 16 个字——"海纳百川、追求卓越、开明睿智、大气谦和"，并感慨地说，要继续发扬上海城市精神，立足上海实际，借鉴世界大城市发展经验，着力打造社会主义现代化国际大都市。

11 年前的 2007 年，他当时是上海市委书记。

这年 5 月 24 日，至今让上海人经常提起。不仅是因为上海市第九次党代会在那天开幕，而且在当天，党代表和市民们第一次从习近平的口中，听到了他对上海城市精神新的提炼和概括："海纳百川、追求卓越、开明睿智、大气谦和。"

"如果说海纳百川是上海一贯的文化特点，追求卓越是上海的一种文化本质，那么开明睿智本身是一种态度，大气谦和是一种胸襟，这样才能进一步海纳百川，进一步追求卓越。"这是习近平对上海城市精神的一段阐述。

全新的城市精神一经提出，人们便纷纷叫好。因为这16个字，实实在在地点中了上海舒筋活血之穴，而塑造新的城市形象正是上海干部群众内心的急切期待。

这是习近平留给上海的宝贵精神财富。随着时间的推移，工作生活在上海的干部和群众，对于这笔精神财富所蕴含的丰厚的历史价值和现实意义，有了越来越深刻的认同、体悟，内心生发出由衷的感佩之情。

2018年11月5日，就在前往上海中心大厦视察的前一天，习近平在首届进博会开幕式上作主旨演讲时，用"开放、创新、包容"这6个字，定义上海的城市品格。他说："这种品格是新时代中国发展进步的生动写照。"

上海是被寄予厚望的城市，也是极具魅力的城市。其最大的魅力，其实就在"开放、创新、包容"——因开放而能够海纳百川，因创新而得以追求卓越，因包容而彰显开明睿智、大气谦和。这些精神与品格，为上海的发展带来了无限的可能性，也为工作生活在其中的每一个人，提供了实现价值与幸福生活的肥沃土壤。

16个字的城市精神、6个字的城市品格，无疑是一脉相承的。它们已经融入上海的血脉，是蕴藏在上海人内心的精神家园，是解读上海过去发展的无形密码，更是推动上海未来发展的深层力量。

上海一定要有包容心

城市精神看似无形，但它作为行动的先导，能带来许多深刻的转变。

"上海是全国的上海，上海要更加坚定地在国家战略下思考和行动。上海的发展绝不可能独善其身，上海的发展也绝不可以独'惠'其身。"

习近平在 2007 年说的这番话，也可以看作上海城市精神的一个注解：追求大气，首先就要更多思考大局，力求"去私去小"。

习近平既有这样大气磅礴的铿锵之语，也有很多温情而富有诗意的话，"授人玫瑰，手有余香"就是典型代表。这句话常常被很多上海的干部在讲话和报告中引用，迅速成为当年上海的流行语。

这句话，传递的是上海与其他地区交往中的道理：懂得在帮助别人时得到自身的愉悦与满足，懂得"吃亏是福"；不在小利上斤斤计较，更不能以邻为壑，试图独占利益，那样最终也会损害自己。

此后，其他省市的干部明显感到，与上海沟通更容易了。一些久拖难决的问题，在上海主动积极的介入下眉目初现。譬如，长三角城市很希望推动公交卡互通，但以前总在设备制式统一上"卡壳"，这时上海就提出能不能先统一读卡器，用这个办法来折中解决。

随着城市精神的提出，上海一些提法的改变，让周边城市更具

2007 年 8 月 18 日，习近平在浦东陆家嘴调研上海中心大厦设计方案

信心。

习近平在上海工作时，对于上海与周边省市之间，究竟应该如何处理好竞争与合作的关系，有着深入的思考。

他认为：如果只谈合作，不谈竞争，区域发展就没有活力；如果只谈竞争，不谈合作，区域发展就不能成为国家战略。但是不管合作也好、竞争也好，有一条是必须坚持的，就是一定要换位思考，互惠互利。

习近平对来访的杭州市党政代表团这样说："海不辞水，故能成其大；山不辞土石，故能成其高。上海成其大，就在于它能包容，上海就要有一种自觉，一定要有包容心。"

他对上海的干部们这样说："人家称上海是'老大哥'，我们更多地要换位思考，考虑人家的利益。'授人玫瑰，手有余香'，如果在一些蝇头小利上斤斤计较，纠缠不休，那是非常短视和狭隘的。"

习近平对区域重大基础设施一体化建设，始终很重视。他希望推进区域交通设施合理布局和有序发展，进一步加强长三角城际交通设施建设，尽快形成沪浙之间的"同城效应"。

有一次，习近平到长宁区调研，高屋建瓴地剖析了"大虹桥"得天独厚的区位优势，要求以虹桥交通枢纽和虹桥开发区为核心，进一步拓展"大虹桥"的功能，使其成为人流、物流、信息流、资金流的重要交汇地。

讲话最后的重点，依然落在了长三角区域联动上："'大虹桥'既是上海的枢纽，也是长三角的枢纽，要进一步把'大虹桥'推到长三角联动发展的前沿地带。"

在习近平的带动下，上海的干部在区域合作上，有了更大气、更深入的认识，这种新认识也体现在具体问题的解决中。

当时，申嘉湖高速公路建设"断头"于上海枫泾，有人称之为"一尺未通，万丈闲置"。"断头路"不仅导致大量的社会资源处于闲置状态，也阻断了长三角地区的交通一体化进程。

上海的相关部门开始主动与周边省市沟通，听取周边省市意见，并积极推进区域交通基础设施一体化。用浙江省交通厅一位负责人的话来说，"近半年来，上海相关方面摆脱了以前的那种'牛气'，我们合作起来感觉顺畅多了"。

大气与包容不仅体现在国内区域合作上，也充分展现在大型国际活动的举办中。2007年，习近平到上海后，就面临一件迫在眉睫的大事：举办世界夏季特殊奥林匹克运动会。

为来自世界各地的智力障碍人士举办这样一场大型运动会，筹备事务冗杂而繁重，习近平对此给予了高度重视。他来上海工作后不久，就听取了筹备工作的专题汇报，听到将以奥运会、残奥会的规格筹办特奥会时，他很高兴。因为在他看来，这是上海肩负的一项使命，而且特奥会平等包容的理念，可以助推上海城市精神的发扬光大。

特奥会举办前夕，习近平察看位于杨浦区的江湾体育场，这是特奥会的一处重要场馆。在现场，习近平嘱咐要把特奥会办出上海水平、中国特色、世界影响，同时反复强调："安全第一，上海责任重大，一定要照顾好来自全世界的特奥运动员。"

当时江湾体育场已有70多年历史，设施比较陈旧，组织方特地在水泥看台上安装了座椅。考察时，习近平走上看台，用手拍一拍，检查座椅牢不牢；走到出入口，看看通道方不方便；又特别强调严守食品安全底线……他叮嘱工作人员，这些运动员都是不一样的孩子，必须要考虑周全一些。

10月11日，习近平从北京赶回上海参加特奥会闭幕式。活动结束后，他还特意叮嘱组织方："天黑了，孩子们还在那儿，大巴车的导向指示一定要醒目、清楚，不要让孩子们走错了。"

如何通过特奥会，推动全社会对智力障碍人士的关爱，推动上海社会福利、慈善、公益事业的发展，是习近平十分关注的问题。

根据他的要求，上海借助特奥会的举办，在2007年掀起了专为智力障碍人士服务的"阳光之家"建设高潮，最终"阳光之家"在上海每个街道实现全覆盖。

在上海市民印象中，当年提出的上海城市精神，在一道亮丽的风景线中得到充分体现：上海"全城总动员"，组建了一支四万人规模的志愿者队伍，他们都穿着橙黄色衣服，汇成了一股"橙色暖流"。

这次特奥会的志愿者工作以及筹办经验，成为后来上海乃至全国举行大型活动的宝贵精神财富。习近平在出席上海市精神文明建设委员会全体会议时，就指出："上海办特奥、迎世博，是一个非常难得的推动精神文明建设的有效载体，是一个千载难逢的契机，是推动精神文明建设发展的极好机会。"

习近平还指出，利用重大活动推进精神文明建设，是一条成功的经验。他要求，必须从细微之处着手，制定具体的、可操作的措施，使广大群众自觉摒弃有碍观瞻、有损形象、有悖科学、有害健康的陋习，养成良好的文明行为习惯。

"今天回过头看，2007年特奥会在这座城市中留下了硬件，更升华了城市的精神。"很多上海市民对此感同身受。

在中国，上海有其独特而难以替代的角色定位。

作为中国对外开放的前沿阵地，上海是海外企业进入中国市场的最好选择。这里有进博会，可以向全中国展示优质产品和优良服务；这里有自贸试验区新片区，将打造更具国际市场影响力和竞争力的特殊经济功能区；这里有长三角一体化发展国家战略，立足上海，可以辐射长三角、走向全中国。

同时，上海也是国内企业"走出去"发展的最好跳板。依托上海，可以更加有力地统筹在岸业务和离岸业务，更加高效地利用国际国内两个市场、两种资源。

在这样的角色定位下，上海培育什么样的精神与文化，打造什么样的营商环境，不仅对上海，而且对全国也有着重要意义。

2014 年 5 月，习近平在考察上海时，就有过谆谆嘱托："要切实把制度创新作为核心任务，以形成可复制、可推广的制度成果为着力点，努力创造更加国际化、市场化、法治化的公平、统一、高效的营商环境。"

2007 年 5 月，习近平提出 16 字"上海城市精神"以来，上海逐渐变得越来越谦和包容，各级政府工作人员已经转型为"服务员"，他们乐于给自己贴上一个新标签：服务企业的"店小二"。

要当好"店小二"，其中还有特别的学问。上海干部如今对 8 个字深有体会："有求必应、无事不扰"——政府对企业，服务要到位，却绝不能越位。这很考验政府的自身定位，在其背后，有一场近乎革命性的观念再造、流程再造。

近年来，习近平多次强调，要营造稳定公平透明、可预期的营商环境，加快建设开放型经济新体制，推动我国经济持续健康发展。他还点名要求北京、上海、广州、深圳等特大城市要率先加大营商环境改革力度。2017年底在上海召开的优化营商环境推进大会，就出台了一份翔实的《上海市着力优化营商环境 加快构建开放型经济新体制行动方案》。

不少媒体称，上海优化营商环境"放大招"。而"大招"源自这座城市向自身的发问：10年、20年后，上海拿什么参与全球合作和竞争？答案之一，便是通过充足高效的制度供给和刀刃向内的政府改革，切实降低制度性交易成本，打造国际一流的营商环境。

上海在习近平主政期间，正处于社会主义现代化国际大都市建设的关键时期。长三角区域发展新的总体部署蓄势待发，特奥会、世博会日益临近。

在这样一个战略节点上，习近平抓住了精气神的要害："上海特别需要有更宽广的胸襟，虚怀若谷，既要向外国学习，也要向外地学习。"

他曾这样阐述："城市精神是一座城市的灵魂，是城市发展生生不息的力量源泉。上海在长期的发展过程中形成了有鲜明特色的城市精神，这一宝贵精神财富已经深深熔铸在上海人民的性格、意志、情感以及行动之中。"

首届进博会开幕式上，习近平又在这样一个全球关注的时刻，为上海提炼总结了"开放、创新、包容"的城市品格，寄予了至为殷切的期许。

十多年来，上海所取得的发展进步，就是靠主动拥抱开放，以开放倒逼改革；始终致力创新，以创新追求卓越；注重吸纳包容，以包容聚合力量。

历史上，上海因为这样的精神品格书写过精彩。而今天，在新时代的坐标下，当中国改革开放走到新起点，全球经济治理体系面临新挑战，构建人类命运共同体的目标有待不懈奋进之时，上海最需要做的，就是更加彰显好这份特殊的精神品格，更为开放、更求创新、更讲包容。

始终保持开拓进取的锐气

无论是一个人，还是一支队伍，都需要一股精气神。对于一座城市而言，提出城市精神的目的，就是指方向、聚民心、鼓干劲，营造一种昂扬向上的氛围。

2007 年 7 月，习近平率上海市党政代表团，赴浙江、江苏学习考察。这是一次友好合作之旅，而通过学人之长，让上海干部精神为之一振，则是苏浙之旅的另一大目的和收获。

考察归来，上海干部谈得最多的，是"要学苏浙干部群众强烈的机遇意识和进取精神"，"要学那么一口气，那么一股劲"。

检索那几个月上海市领导的讲话、上海本地报纸的头版，可以发现，最响亮的口号是"发展"，最急切的呼唤是"锐气"："我们既要治贪官，又要治庸官、懒官"；"要有先行一步的锐气"；"抓住机遇，关键是突出一个'抢'字，而抢抓机遇，就在于一个'勇'

字"……

其实，习近平一到上海，就在宣布他任职的党政负责干部大会上，对自己提出了当好学生、当好公仆和带好队伍的要求。在谈到第二条当好公仆时，他说道："始终坚持以人为本的理念，既保持开拓进取、克难攻坚的勇气锐气，又坚持一心为民、艰苦奋斗的良好作风，体察民情，倾听民意，注重民生，尽力为上海人民多办实事、多办好事。"

在他看来，面向未来的发展，上海必须提升、丰富城市精神的内涵，使全市人民始终保持艰苦奋斗、昂扬向上的精神状态，为上海的发展提供强有力的精神支撑。

随后，在习近平的一系列考察中，"锐气"二字经常被重点提及。

2007年3月30日，在瞻仰中共一大会址时，他指出："要秉公用权、廉洁自律，自觉抵制各种腐朽落后思想观念的侵蚀，保持共产党人的蓬勃朝气、昂扬锐气、浩然正气。"

4月3日，在杨浦区调研时，他要求："各级党政干部要始终保持开拓进取的锐气，牢记全心全意为人民服务的宗旨，切实做到权为民所用、情为民所系、利为民所谋。"

4月29日，在与各界优秀青年代表座谈时，他叮嘱："要争做自主创新的排头兵，以敢为人先的勇气、革故鼎新的锐气，立足岗位，大胆创新。"

6月19日，在闵行区调研时，他强调："上海正处在改革发展关键时期，要以一往无前的勇气、克难攻坚的胆识和先行一步的锐气，站在新起点、抢抓新机遇，谋求新发展、实现新突破。"

6月29日，在上海市庆祝中国共产党成立86周年座谈会上，他提出："要不断增强忧患意识，始终保持开拓进取的锐气。"

8月17日，在上海市委常委会上听取浦东新区汇报时，他明确："推进浦东综合配套改革，一定要按照中央精神，以一往无前的勇气、克难攻坚的胆识和先行一步的锐气，努力取得突破性进展。"

……

主政者对精神面貌的重视和激励，由此带来的变化，不仅平时看得出来，还阶段性地反映在成绩单上。

2007年上半年，上海在投资增幅仅为全国一半的前提下，地区生产总值保持了13%的增速，还创造了两个"首次"：工业总量首次超过万亿元，以现代服务业为代表的第三产业增幅十多年来首次超过第二产业增幅。

世博会举办、浦东综合配套改革试点、长三角联动发展、上海国际金融中心和航运中心建设加快等，被上海视为新起点上的"四大新机遇"。抢抓新机遇，谋求新突破，上海进一步呈现蓬勃向上的昂扬之势。

2007年，浦东新区加快推进行政体制改革，政府事务重组、政社合作互动、基层民主治理、政府效能问责等探索都在试在闯；经济发展连续五年名列中心城区前列的徐汇区自加压力，将计划十年完成的居民小区综合改造任务压缩到五年之内完成，当年就自筹资金，比计划多改造20万平方米。

抓住世博会契机，上海加快体现公交优先的轨道交通建设，数十台盾构机同时在地下掘进，全市有116座车站同时在建；体现世界级水平的中船长兴造船基地等先进制造业，正全力推进。

一言以蔽之，上海干部群众新添的锐气与信心，推动着上海经济和社会持续快速健康发展；经济社会发展的新面貌，又让上海干部群众更加精神振奋、豪情满怀。

习近平到中央工作后，连续十年参加全国人大上海代表团的审议，每年 3 月，人民大会堂上海厅总会响起习近平亲切的声音。

尤其是他担任总书记后，从 2013 年至 2017 年的这五年中，对上海提出了更高的要求与厚望，特别强调上海的精气神：

"敢于啃硬骨头，敢于涉险滩。"——2013 年 3 月 5 日，十二届全国人大一次会议，他要求上海立足全局、突出重点，坚定不移深化改革开放，不断为创新发展注入新的动力和活力。

"百舸争流奋楫者先，先行先试大胆创新。"——2014 年 3 月 5 日，十二届全国人大二次会议，他鼓励上海坚持以制度创新为核心，推进中国（上海）自由贸易试验区建设，努力走出一条符合特大城市特点和规律的社会治理新路子。

"惟改革者进，惟创新者强，惟改革创新者胜！"——2015 年 3 月 5 日，十二届全国人大三次会议，他强调上海继续当好全国改革开放排头兵、创新发展先行者，在以开放促改革方面继续走在前列、在创新驱动发展方面继续走在前列、在创新社会治理方面继续走在前列、在从严管党治党方面继续走在前列。

"保持锐意创新的勇气、敢为人先的锐气、蓬勃向上的朝气。"——2016 年 3 月 5 日，十二届全国人大四次会议，他嘱托上海贯彻落实创新、协调、绿色、开放、共享的发展理念，着力加强全面深化改革开放各项措施系统集成，着力加快具有全球影响力的科技创新中心建设步伐，着力推进供给侧结构性改革。

"上海要解放思想、勇于突破、当好标杆，对照最高标准、查找短板弱项，大胆试、大胆闯、自主改，进一步彰显全面深化改革和扩大开放试验田的作用。"——2017年3月5日，十二届全国人大五次会议，他希望上海在深化自由贸易试验区改革上有新作为，在推进科技创新中心建设上有新作为，在推进社会治理创新上有新作为，在全面从严治党上有新作为。

……

一座城市的"追求卓越"，从来不是嘴上说说就能轻松实现的。上海在追求卓越的进程中，要激发内在动力、注入新的活力、保持蓬勃生机，就得比以往任何时候，都更要聚人气、凝人心。

一切的一切，关键在人，首要在领导干部。要带领上海这座城市迈向卓越，上海的干部需要展现出更不一般的状态。

在2018年8月召开的全市组织工作会议上，上海干部再一次明确了新时代应有的精气神：要有舍我其谁、当仁不让的气概，不能上推下卸、推诿扯皮；要有动真碰硬、克难攻坚的劲头，不能圆滑世故、明哲保身；要有任劳任怨、尽心竭力的情怀，不能偷奸耍滑、敷衍了事……

做到这些，某种意义上也回应了习近平曾经提出的要求——要保持锐意创新的勇气、敢为人先的锐气、蓬勃向上的朝气。在干事创业的各个方面，各级干部要负起该负的责任，做好该做的事情，勇于挑最重的担子、啃最硬的骨头。

在上海，"谁有本事谁来，谁有潜力谁干，谁先成才谁先上，让干得出色、干出成绩的干部有舞台、有前途、有奔头"，这样的氛围和机制正在形成。

相比领导干部，党员是一个基数更大的群体。这个群体保持良好的精神状态，发挥好党员先锋模范作用，对上海迈向卓越同样至关重要。

2018年6月底，上海的电影演员牛犇收到一封信，落款是"习近平"，他顿时热泪盈眶。这位83岁的老演员，演了一辈子戏，但同时他又是一名新党员，党龄还没满月。

习近平写道："得知你在耄耋之年加入了中国共产党，实现了自己的夙愿，我为此感到高兴。你把党当作母亲，把入党当成神圣的事情，60多年矢志不渝追求进步，决心一辈子跟党走，这份执着的坚守令人感动。"

习近平在信中勉励他，发挥好党员先锋模范作用，带动更多文艺工作者做有信仰、有情怀、有担当的人。

牛犇从11岁起从事表演工作，参演过《龙须沟》《红色娘子军》《天云山传奇》《牧马人》等一批脍炙人口的影片。

他经历过旧社会的苦难，受老一辈电影人的影响，青年时就立志加入中国共产党，几十年从未放弃追求进步。2016年，他正式递交了入党申请书。

但他怎么都没想到，习近平总书记会给他写信。他用"文艺界的小八腊子"来形容自己，"当我看到那封信时，我的脑袋就蒙了，我只有全身心投入去做好党组织交给我的工作，才能对得起这份厚爱"。

两年后，还是6月底，习近平又给上海写了封信。

这次他是给一群年轻的党员回了一封信。2020年6月上旬，复旦大学《共产党宣言》展示馆党员志愿服务队全体队员，在党的99周岁生日即将到来之际，写信给习近平，汇报参加志愿讲解服务的经历和体会，表达"90后""00后"青年学子做《共产党宣言》精神忠实传人的信心与决心。

信发出去了。到了6月底，他们惊喜地收到了总书记的回信。

习近平在回信中，勉励他们继续讲好关于理想信念的故事，并对全国广大党员特别是青年党员提出殷切期望。

习近平说："你们积极宣讲老校长陈望道同志追寻真理的故事，传播马克思主义理论，是一件很有意义的事情。希望你们坚持做下去、做得更好。心有所信，方能行远。面向未来，走好新时代的长征路，我们更需要坚定理想信念、矢志拼搏奋斗。"

复旦大学党委开会宣读回信，会场外都能听到震耳的掌声欢呼声，久久不能平息。

这支队伍有个名字——"星火"党员志愿服务队，与《共产党宣言》展示馆相伴而生。队名中的"星火"一词，取意自"聚是一团火，散作满天星"和"星星之火，可以燎原"。在岗队员共30名，专业覆盖文、理、工、医各个学科，平均年龄29岁，其中7名青年教师、20名博士生、3名硕士生。他们已经服务社会各界参观者近5万人次，平均每年讲解700多场。

2021年2月19日上午，110岁的新四军老战士施平找身边人要来纸笔，激动地写下一位百岁老人对于百岁大党的美好祝愿："庆祝中国共产党百年华诞！"他刚刚读完了习近平总书记给新四军老战士的回信，此刻心潮澎湃。

此前不久，包括施平在内的上海市新四军历史研究会46位年逾百岁的新四军老战士，给习近平总书记写信，结合自身经历讲述了"只有共产党，才能实现中华民族伟大复兴"的深切感悟，汇报了离休后积极参加党史宣传教育工作的情况，表达了传承红色基因、永葆政治本色、为党和人民事业不懈奋斗的决心。

让他们惊喜的是，很快就收到了总书记的回信。习近平在回信中说，你们青年时代就投身革命，为党和人民事业英勇奋斗，期颐之年仍心系党史宣传教育，深厚的爱党之情令人感佩。

习近平强调，全党即将开展党史学习教育，希望老同志们继续发光发热，结合自身革命经历多讲讲中国共产党的故事、党的光荣传统和优良作风，引导广大党员特别是青年一代不忘初心、牢记使命、坚定信仰、勇敢斗争，为新时代全面建设社会主义现代化国家而不懈奋斗。

上海市新四军历史研究会成立于1980年，长期致力于党史军史研究宣传教育工作。收到回信后，老战士们一致表示，一定不辜负习近平总书记的期望，珍惜光荣历史，永葆政治本色，结合自身革命经历，努力在关心下一代的广阔舞台上，老有所为、发光发热，引导教育青少年一代接好革命事业的班。

一座志在卓越的城市，需要更多的奋斗者。

一位耄耋之年的"新党员"、一批风华正茂的"星火传播者"、一群年逾百岁的新四军老战士，他们所执着的，是各自对永葆共产党人初心和本色的孜孜以求。在他们的背后，千千万万的奋斗者正努力弘扬城市精神，用各自的姿态，续写一座光荣之城的奋斗荣光。

经济是血肉，文化是灵魂

上海城市精神的提出，是对上海文化的提炼和概括。后来，其自身也成了上海独具特质的重要文化品牌。

2007 年 5 月召开的上海市第九次党代会，不仅提出了 16 个字的城市精神，还第一次把建设文化大都市写进了党代会报告。报告指出，实现文化繁荣发展，是提升大城市软实力的客观要求。

"上海之所以能够有这样的一个经济中心城市的表现，魂与根来自文化。"

"上海作为一个移民城市，海纳百川、兼收并蓄，中西交融的文化特质更突出一些。"

"建设国际大都市，综合实力反映在文化上，上海要形成有特点的、有优越性的文化现象和文化效益。"

在上海工作期间，习近平高度重视并积极推动文化事业和文化产业的发展，多次强调在加快硬件建设的同时，大力提升文化软实力。

2007 年 8 月 21 日，习近平到上海京剧院调研。他一路看展板，听院长孙重亮向他介绍京剧院的发展历程，当他看到展板上介绍习仲勋同志关心昆剧演员的内容时，在展板前驻足良久。孙重亮对此印象深刻："我想，那些照片和文字肯定勾起了他对父亲的回忆与怀念，从中也能看出，他尊重传统艺术和尊重艺术家的家风传承。"

那天，著名京剧演员尚长荣也在场。在他眼中，习近平亲民、厚重，富有人格魅力。

多年后有一个细节，也让尚长荣很感动。那是 2014 年 10 月，他参加了习近平主持召开的文艺工作座谈会。"开会时，习近平总书记特别叮嘱了一句，这个会可能时间会很长，在座的有很多年长的艺术家，如果觉得坐得久了，可以在会场里走走，或者到休息室休息一会儿。"

在尚长荣看来，习近平对传统艺术非常关心，尤其对艺术家的关心是"掏心窝子"的，既细致入微，又充满了真情实感。

在京剧院调研的那天，习近平还观看了《杨门女将》的排练。当得知上海京剧院创作和排演的《廉吏于成龙》刚刚入选"国家舞台艺术精品工程十大精品剧目"，并获得精神文明建设"五个一工程"奖时，他非常高兴。大家深深感受到，习近平对优秀传统文化、传统艺术的热爱是发自内心的。

习近平在调研中说，"经济是血肉，文化是灵魂"，"要把文化的力量融入经济发展中，在经济发展中推进文化发展，全面推进文化大都市建设"。这些话引起了在场所有人的强烈共鸣。

在上海工作期间，习近平同文化界人士广交朋友，真诚的关心与帮助，让大家如沐春风。许多人的回忆中都有这样的细节：在各类调研和座谈会上，大家发言十分踊跃，习书记始终在认真听、认真记，听完了还当场承诺，"大家提的意见建议，我都会带回去，与有关同志商讨，认真研究后负责任地回答大家"。

2007 年，作家叶辛曾两次参加习近平主持的调研和座谈。在他的记忆中，那七个多月里，光是沪剧院，习近平就去了两次。"从习书记的履历来看，他是陕西人，插队又在北方，包括后来的工作经历，对于沪剧应该了解不多，不太可能是沪剧的戏迷。但习书记知道沪剧是上海的地方剧种，当时也很需要支持，他对沪剧的关心非常及时，也很重要。"

2014年，叶辛赴京参加了文艺工作座谈会。会上，他谈及自己在贵州插队当知青时，如何从当年苦涩的生活中汲取创作灵感，习近平当场回应："我和叶辛同志都是上山下乡的知识青年一辈。他讲到的一些体会和心态，像开始见到农村、农民的那种感受，我是很能理解的。"

座谈会结束后，习近平同参加会议的每一位同志握手交谈。他走到叶辛面前时说："上山下乡的生活，是我们共同的、宝贵的精神财富，你还可以写。"

对新闻媒体，习近平同样高度重视。

2007年5月17日，习近平一行到中央驻沪新闻单位和上海各大媒体调研、座谈。在认真听取各单位主要负责同志的工作汇报后，习近平对做好上海的宣传舆论工作提出了更新、更高的要求。

"随着信息传播技术迅速发展，信息传播渠道日益多样，社会价值观念日趋复杂。在这样的背景下，正确的与错误的、先进的与落后的、主流的与非主流的思想观念很容易相互交织在一起。"

那天的座谈会上，习近平深刻分析了上海宣传舆论工作面临的新形势。他直言，上海作为国际化大都市、我国改革开放的前沿，历来是各种思潮交汇、各种文化激荡之地。"上海这种特殊的地位和影响，决定了上海宣传舆论工作更加备受瞩目、至关重要。"他继而指出，做好上海的宣传舆论工作，绝非是一市一地的问题，某种程度上还关系全国改革发展稳定的大局。

"习书记高屋建瓴地指出，互联网等新兴媒体正在快速发展。他希望我们要特别关注网络等新兴媒体的发展，要洞察到新兴媒体因其传播更快、渗透力更强、覆盖面更广等特性而给舆论环境和舆论格局带来的深刻变化。"时任解放日报社总编辑裘新那天也在座，他至今难忘座谈会上的情景。

事实上，在过去的十多年中，随着媒体融合不断走向深入，如何在坚持正确的舆论导向的同时掌握新形势下宣传舆论的主动权，不断提高舆论引导能力——这是所有主流媒体在一路转型发展过程中，必须直面、必须竭尽全力作出解答的"必答题"。

"可以说，后来传统主流媒体转型遇到的新情况、新问题，习书记那天都谈到了，而且像'点穴'一样点到了最关键的地方。这些年来，我们正是根据他当年提出的要求，秉持'道正声远'的理念，守好新的舆论阵地，不断做好新时代党的新闻舆论工作。"裘新说。

在那次座谈会上，习近平还专门提到，"我们的新闻工作者要有国际视野、全国眼光，要从全国格局、长三角区域格局考虑上海，要坚持政治家办报原则，准确把握新闻宣传规律，清醒认识新闻媒体的意识形态属性"。

他还勉励新闻工作者："书生报国无他物，唯有手中笔如刀。"只有在火热的生活中，人才才会脱颖而出，成为名报人、评论家、名主持人、名记者、名编辑，出现更多代表人物、领军人物。

实现文化繁荣发展，是上海提升城市软实力的客观要求。2007年夏天，习近平还专程去参观上海书展，希望上海能打造好这张

2007 年 5 月 17 日，习近平到中央驻沪新闻单位和上海各大媒体调研

文化名片。

"来上海书展的那天,习书记神采奕奕,他路过每一个展台时,几乎都会随手去翻一下正在展出的新书。看得出,他对读书很有兴趣。"一位上海书展现场工作人员记得,那天习近平还专门察看了世纪出版馆、江苏出版馆、浙江出版馆和新华传媒馆等。

当年的书展现场,为读者准备的图书多达十万种。墨香四溢、人气旺盛,而亲身感受上海市民"读书热"的习近平,则从另一个高度,谈及上海书展所肩负的使命:"朝着努力建设文化大都市的奋斗目标,上海要认真打造好上海书展这张文化名片,增强上海文化的吸引力和影响力,提高上海城市软实力。"

他还特别提出:"要让上海书展真正成为服务全国的文化大平台。"

2017年12月中旬,在新一届上海市委举行的学习讨论会上,"上海文化"跟"上海服务""上海制造""上海购物"放在一起,并列为上海要全力打响的"四大品牌"。

上海的同志这样解读"上海文化"品牌:"丰富的红色文化、海派文化、江南文化是上海的宝贵资源,要用好用足,大力发展有竞争力和影响力的文化产业,支持文化展示、文化演艺、文化市场发展,增强文化辐射力集聚力,使上海文化金名片更加闪亮。"

2021年6月22日,十一届上海市委十一次全会审议通过了《中共上海市委关于厚植城市精神彰显城市品格全面提升上海城市软实力的意见》。软实力的内核,正是习近平亲自提炼概括的16个字上海城市精神和6个字上海城市品格。

用一次省级党委全会专门讨论软实力议题并通过文件,上海此

2007 年 8 月 20 日，习近平参观上海书展

举颇具深意。显然，对这座城市而言，一路走到当下，无论是自身进一步前进发展，还是参与国际合作与竞争，都到了深度比拼软实力、需要全面提升软实力的阶段。

正如市委书记李强在全会闭幕后强调的，文化软实力是城市软实力的重要组成部分，要把厚植城市精神、彰显城市品格贯穿于提升文化建设品位的全过程和各领域，在做强"码头"、激活"源头"、勇立"潮头"中打响"上海文化"品牌，着力塑造城市软实力的神韵魅力，加快建设具有世界影响力的社会主义国际文化大都市。

将东方智慧变成世界智慧

文化，来自历史，面向未来。

2007年8月，上海市委召开专题会，专门研究上海世博会筹办中的一件大事——中国国家馆的主题演绎方案。

此前，习近平就去过世博会建设现场，调研世博会筹办情况，察看世博园区规划的沙盘，在高处俯瞰园区建设现场。有一点他特别强调："上海世博会要体现新时期的上海城市精神。"

专题会上，筹办部门提出，中国馆的主题为"城市发展中的中国智慧"。习近平听后，当即表示赞赏。他说："中国智慧要体现中华民族的大智慧。比如大象无形、大方无隅、大智若愚、大音希声，这些中国智慧如果能体现出来，会很有意思。"

习近平指出，从包容性看，改造、融合、兼收并蓄，都是"中国智慧"的特点。要通过中国馆的舞台，借鉴国际化的传播方式，将东方的智慧变成世界的智慧。

"习书记的话点燃了大家的思想火花。"参会的上海世博会事务协调局局长洪浩后来介绍，习近平对"中国智慧"的诠释，不仅融入后来中国馆的布展中，更融入世博会举办和上海城市发展之中，并让人们对"海纳百川、追求卓越、开明睿智、大气谦和"的上海城市精神有了更深刻的理解。

智慧蕴藏在历史中。

2007 年 7 月 12 日，习近平专程到位于虹口区甜爱路上的鲁迅纪念馆参观。纪念馆藏有鲁迅先生的石膏面模，这上面黏有鲁迅的 20 根胡须和两根眉毛，是迄今可以看到的鲁迅身上遗留下来的仅有的原物。

"习书记参观时间比计划延长了一倍多，足见他对鲁迅先生非常有感情。"那天，纪念馆馆长王锡荣担任讲解员，有一个动人的场景，让他迄今难忘：在结束参观临上车前，习近平看到纪念馆前聚拢了不少游客，于是热情、大声地对大家说："鲁迅先生的精神，我们一起来弘扬吧！"说完，他和大家挥手告别，在场群众热烈鼓掌。

据一些学者的不完全统计，习近平担任总书记后，曾在各种公开场合提到鲁迅多达 50 余次，仅 2014 年主持召开的文艺工作座谈会上就 6 次提到鲁迅。

习近平为何对鲁迅如此推崇备至？在参观鲁迅纪念馆后，与虹口区干部座谈时，习近平这样说道："我们这一代人都是受鲁迅文化熏陶出来的。我在'文革'期间，把当时出版的鲁迅文集都看了，有的书看了好几遍。"

在习近平看来，他和鲁迅颇有缘分：插队时期他在延安，延安有鲁艺；调到厦门工作，厦门大学是鲁迅曾教书著述的地方；后来到浙江，绍兴是鲁迅的故乡；再到上海工作，上海是鲁迅长期生活的地方……

习近平推崇鲁迅精神，在他眼里，这是一笔宝贵的精神财富，体现了民族魂。他希望上海能充分发挥鲁迅精神养人心志、育人情操的功能。

在上海工作期间，习近平还先后到复旦大学、上海交通大学、同济大学、华东师范大学等沪上高校考察调研。在一些烙有红色文化印记的高校校史馆，他逗留的时间格外长。在一些凝聚各校办学特色和优势的重点实验室，他看得听得也尤其仔细。

2007年5月8日上午，习近平前往复旦大学调研，走进学校后，第一站到的就是校史馆。

习近平在一件展品前驻足良久，俯身观看。原来，斯诺在《西行漫记》中的《毛泽东自传》，最早刊登在由复旦大学教授孙寒冰主编的《文摘》杂志上，从1937年8月1日开始连载。

"经过考证，这也是国内最早的《毛泽东自传》的中文译本。"听了校史馆馆长周桂发这么一说，习近平饶有兴致地问复旦大学党委书记秦绍德："在当时的国统区，怎么会让这本书连载？"熟谙新闻史的秦绍德说："《毛泽东自传》最早发表在美国人主编的《亚细亚》杂志上，而《文摘》主要摘录了一些与国际问题相关的内容，所以就给夹带进去了。"按照学界专家的看法，这个译本具有很重

2007 年 5 月 8 日，习近平在复旦大学调研

要的意义，尤其是对研究当时进步力量在上海的活动，具有很高的文献价值。

在校史馆里，还特别陈列着首版错版的《共产党宣言》复制件。译本最初印刷的时候，由于校对疏忽，第一版的封面错印成了《共党产宣言》，而这一批错版国内仅存 12 本。

陈望道是新中国成立后复旦大学的首任校长，他于 1920 年翻译了第一个中文译本的《共产党宣言》。习近平问道："他这个是按照日文版翻译的吗？"周桂发马上回答说："是的。"

习近平对历史谙熟，对文化尊重，是上海很多高校师生的共同感受。

5 月 8 日那天，习近平还调研了同济大学。他来到土木工程防灾国家重点实验室，对大家说："我是慕名而来。"这让实验室工作人员一下子就有了亲近感。

习近平走进同济校史馆，讲解员告诉他，同济大学校名取自成语"同舟共济"，所以学校的标识是三个人同划一条船的图案。校史馆门厅的照壁上，专门写出了"同舟共济"的出处——《孙子·九地》有云："夫吴人与越人相恶也，当其同舟而济，遇风，其相救也如左右手。"

习近平很认真地看了这段文字，风趣地说："吴越不就是今天的长三角吗？古时候的人都知道要同舟共济，我们今天更加要做好长三角一体化发展！"

在距离那次调研不到两周的 5 月 20 日，同济大学举行庆祝建校 100 周年大会。习近平再次前来，除了祝贺同济百年，为学校送上"百尺竿头、更进一步"的寄语，他还意味深长地谈到了大学和城市之间的关系。

习近平说："大学是城市振兴发展的强大支撑，是城市活力、城市魅力、城市实力和城市动力的重要体现。开放和谐的上海，为大学的发展提供了广阔的空间和舞台，也迫切需要各所高校的鼎力支持。"

5 月 9 日，习近平到上海交通大学调研，并和复旦、上海交大、同济、华东师大的负责同志座谈。习近平充分肯定了上海高等教育改革发展所取得的显著成绩，同时指出，高校要坚持社会主义办学方向，坚持走内涵式发展的道路，坚持把改革作为高校发展的动力，坚持把服务国家建设、支撑城市发展作为高等教育的重要使命。

在习近平看来："大学之于城市发展，何其重要。文化之于经济发展，何其重要。对上海来说，之所以能有经济中心城市的表现，魂与根来自文化。上海要走在发展社会主义先进文化的前列，必须不断夯实文化软实力。"

习近平不仅重视大学，而且对大型文化工程也时时牵挂在心头。

2016 年 12 月 29 日，习近平致信祝贺《大辞海》出版暨《辞海》第一版面世 80 周年，并向为这两项重大文化工程付出大量心血的广大专家学者及同志们，致以诚挚的慰问。

习近平在信中指出，《辞海》和《大辞海》是大型综合性词典，全面反映了人类文明优秀成果，系统展现了中华文明丰硕成就，为丰富人民精神世界、增强人民精神力量作出了积极贡献。

他说："希望大家坚定文化自信，坚持改革创新，打造传世精品，通过不断实施高质量的重大文化工程，为培育和践行社会主义核心价值观、增强国家文化软实力、建设社会主义文化强国作出新的更大的贡献。"

《辞海》是我国大型综合性词典，第一版于1936年在上海问世，到2016年已出版六版。《大辞海》是以《辞海》为基础编纂的特大型综合性词典，2003年起陆续出版，2016年9月通过国家验收。

四年后，2020年8月，在上海书展开幕首日，第七版《辞海》重磅首发。上海辞书出版社展位上，红彤彤的8册彩图本格外醒目。这一版，总字数约2350万字，总条目近13万条，首次以工具书词条形式系统收录了习近平新时代中国特色社会主义思想有关条目，如"习近平新时代中国特色社会主义思想""习近平强军思想"等。

国家重大文化工程《辞海》是我国唯一一部以字带词，集字典、语文词典和百科词典的主要功能于一体，以百科知识为主的大型综合性辞书。多年来，"对不对，查《辞海》"，已经成为读者的口头禅。2021年7月底，在第五届中国出版政府奖表彰会上，《习近平谈治国理政》（第一、二、三卷）、《中国共产党简史》和《辞海》（第七版）3种图书获最高奖——荣誉奖。

"我们建设中国特色社会主义文化，树立核心价值观，必须弘扬民族传统文化，去找我们的精气神。"

"你没有这个梦想，也不去想，就根本达不到，你想了才有这可能。"

这番话是2014年3月5日，习近平对全国人大上海代表团讲的。在上海工作时，习近平就高度重视精神的引领力量和文化的传承价值，为上海带来新气象。党的十八大后，习近平更是对此反复强调，给全国带来了前所未有的新变化。

2016 年 7 月 1 日，在庆祝中国共产党成立 95 周年大会上，习近平明确提出："全党要坚定道路自信、理论自信、制度自信、文化自信。当今世界，要说哪个政党、哪个国家、哪个民族能够自信的话，那中国共产党、中华人民共和国、中华民族是最有理由自信的。"

2021 年 7 月 1 日，在庆祝中国共产党成立 100 周年大会上，习近平强调："坚持把马克思主义基本原理同中国具体实际相结合、同中华优秀传统文化相结合，用马克思主义观察时代、把握时代、引领时代，继续发展当代中国马克思主义、21 世纪马克思主义！"

文化作为一种基因、血脉和传统，内化于心、外化于行，渗透到人的活动的方方面面，也渗透到道路、理论和制度中，影响更广泛深远。

无论是一座城市、一个国家，还是一个民族，文化都是持久发展的不竭动力，文化自信都是兴旺发达的重要支撑。国家和民族的繁荣富强，不仅要靠经济实力，最终还要通过文化符号来表达，通过文化力量来展示。提出文化自信，实际上是中国软实力的最好诠释。

可以说，这些年来，城市精神已经融入了上海的血脉，不断培育、塑造着这座城市的品格。在通往建设社会主义现代化国际大都市的道路上，上海以此为精神力量，不断加快探索实践，努力成为更加美好的上海。

五、政绩在老百姓的口碑里

"心无百姓莫为官。"

2007年，作为上海市委书记，在多个场合，习近平都谆谆告诫党员干部，解决民生问题是为政的根本，改善民生状况是最大的政绩。

上海，是习近平在地方任职的重要一站。上海的经济水平领先于全国，民生工作也有其自身特点。在上海的七个多月，习近平走遍了各个区县。虽然每次调研的重点可能有所不同，但有两个话题从不缺席，一是党建，一是民生。

老百姓生活的品质怎么样，以民为本的宗旨落实得如何，"我到上海以后，比较关心这个事情"，习近平说。

共建共享，是习近平反复强调的观点。他一再叮嘱，经济发展成果要更多体现到改善民生上，"这一届党和政府有条件、有责任在解决老百姓民生问题上做更多的事"。

城市是载体，人民是主体。

2019年11月2日下午，习近平在上海考察时，来到杨浦区滨江公共空间，沿着滨江栈桥步行察看黄浦江两岸风貌。途中遇到很多正在休闲健身的市民，习近平同他们亲切交谈时，充满感情地说："城市是人民的城市，人民城市为人民。"

建设人民城市，归根结底是为人民创造更加美好的生活。要把人民至上的价值理念体现到千方百计解决群众最关心、最直接、最现实的利益问题上，落实到处处围绕人、时时为了人的具体行动中，让这座城市中的人们日子更红火、未来更可期，生活更有品质、更有尊严、更加幸福。

增进民生福祉是发展的根本目的。关于民生工作，习近平在上海工作期间就有过深入思考和重要实践。这不仅是一位领导人的为民情怀，更是一名共产党人的信念追求。

群众有什么好怕的

2007年9月19日下午，宋维芳和赵宏品一起走进杨浦区政府大门。

他们不是第一次来了。前者是五角场街道建新居委会主任，后者是这个社区的居民。他们推门走进接待信访的会议室，眼前坐着的是习近平。

两人吃了一惊。却见习近平笑眯眯的，很亲切地冲他们点点头。70多岁的赵宏品依然很紧张，一坐下就告诉习近平，自己不会讲普通话，只会讲上海话。习近平摆摆手笑着说："没关系，我听得懂。"

赵宏品开始讲了，看到习近平始终认真倾听，并不时地记录，他也慢慢放松下来，讲了半小时。

原来，区里引进的一个五角场城市综合体项目正在开发建设，施工时基坑挖得太深，造成地基下沉，边上小区有500多户居民的房屋出现了屋顶和墙体开裂漏水现象。各方先后开了60多次协调会，但在赔偿标准上始终谈不拢，问题一直没有解决。

赵宏品讲完，宋维芳接着讲，习近平又听了市、区有关部门的汇报。他说："一定要按照法律和有关政策处理好这件事，决不能只让开发商笑，而让老百姓哭！"

习近平当场说了几条意见："一是开发建设中，老百姓的利益不能受损，对开发商要有约束；二是开发建设前要有评估，不仅要对开发内容进行评估，还要评估对社会稳定的影响，对老百姓合法权益的影响；三是解决此类事件必须依法，赔偿标准要由权威的第三方机构进行检测和评估。"

宋维芳心头顿时一热："这位书记心里是装着我们老百姓的。"

那天下午，习近平在杨浦区信访办，接待了五批信访群众，内容涉及城建、物业管理和菜场等方面。

在后来的座谈会上，习近平说："我们各级干部是为了解决群众的实际问题而配备的。就是要往矛盾里走，往问题里走，要解决矛盾、解决问题。下访不要看得那么难，要'敢下'。"

他又加重语气说："群众有什么好怕的？共产党什么时候会怕群众啊？共产党历来是依靠群众，走群众路线。"

习近平下访之后，宋维芳和赵宏品作为居民代表，又和开发商交涉过几次，"明显感到对方的口气不一样了"。

同时，杨浦区也为此成立了工作组，很快促使双方达成了解决方案。开发商让居民自选评估公司，走进房屋受损的每户人家，评估房屋安全和所有损失，并以此为依据进行赔偿。

"始终依法维护好群众利益。"那天也在接待现场的杨浦区委书记陈安杰说，这一指导思想的确立，使杨浦区在此后城市开发建设中遇到类似问题时，有了更明确的工作思路。

许多基层干部和百姓都说，虽然当年和习近平只见过一面，但他的平易近人、急群众之所急，让人打心眼里感到亲近。

赵宏品说："我经常在想，习近平同志对老百姓这么好，肯定和他的经历有关，他是从基层一步步走上来的，还当过知青，亲身感受过老百姓的疾苦。"

宋维芳也动情地说："现在，每当我在电视上看到习近平同志到贫困地区访贫问苦，走进困难群众家里嘘寒问暖，我都会回想起当初和他见面时的情形，总会心头一暖。我知道，他是带着一腔真情去的，是为老百姓解决问题去的。"

2007年，正值上海各种矛盾的凸显期，也是群众信访的高发期。"当时，动拆迁问题、历史遗留问题、企业转制问题、农村土地和集体资产分配问题，林林总总，样样都是难题。"作为过来人，当时担任市信访办主任的张示明记忆深刻。

正因如此，当习近平提出领导干部要下访，并且决定带头接访时，是有一些不同声音的。有人很担心："一把手"接访以前没有先例，万一闹僵了，上访群众围住领导不让走怎么办？

对此，习近平很坚决。他说："我在浙江就搞过下访，上千人的大场面都碰到过，没有什么好怕的。"他还对信访干部说："我们下去就是为群众解决问题的，群众欢迎还来不及，怎么会和我们成为对立面呢？就算有个别人闹事，其他群众也不答应啊。"

有一次，习近平处理信访时接待了一户姓史的人家。因为房产证存在问题，不但影响了成人就业，还即将影响孩子入学。习近平指出："群众的要求，只要是合理的，一定要想办法帮助解决。"在习近平的关心下，困扰这家人多年的问题最终得到解决。

习近平一直告诫干部们，要往矛盾里走，往问题里走。对此，他讲历史、说方法、提要求：

2007年6月29日，在上海市庆祝中国共产党成立86周年座谈会上，习近平讲历史："古往今来，中国历史上许多有作为的官员无不以关心百姓疾苦为己任。从范仲淹的'先天下之忧而忧,后天下之乐而乐',到郑板桥的'些小吾曹州县吏,一枝一叶总关情';从杜甫的'安得广厦千万间,大庇天下寒士俱欢颜',到于谦的'但愿苍生俱饱暖,不辞辛苦出山林',这些都充分说明了'心无百姓莫为官'的道理。"

9月5日,在市信访工作会议上,习近平说方法:"对于信访群众提出的合理要求,能够办得到的要马上办;一时办不到的,要和群众及时说清楚,并积极创造条件争取早日解决。对于群众暂时不理解、不配合甚至出现过激情绪的,要耐心细致地做好说服劝导工作,用真心真情赢得群众信任。"

半个月后,在杨浦区下访活动座谈会上,习近平提要求:"领导干部要与群众面对面接触,直接倾听群众呼声。要敢于到矛盾多的地方去,真正变被动接访为主动服务,变上来解决为上门解决。领导干部对信访工作既要'挂帅',又要'亲征'。要真下,不能搞形式、走过场。"

在为群众排忧解难的信访问题上,习近平重视抓落实,更重视建制度。习近平在上海工作时间不长,却把各级领导干部每周接访和目标考核两项制度扎实建立了起来,并一直延续至今。

习近平常说:"信访工作是领导的工作,只有领导重视了,才能做好。"他要求市委、市政府与各区县党政"一把手"签订信访工作目标责任书,在自觉落实责任的基础上,加上了刚性的要求,有客观的、外部的检验评价,并且辅以奖惩措施配合。

对那些勇于、乐于、善于往矛盾里走的干部,习近平给予高度评价、充分肯定。

2007年9月4日，习近平到普陀区调研，在走访曹杨社区文化活动中心时，碰到了普陀区民政局局长曹道云。

习近平非常高兴，主动上前握住曹道云的手，亲切地说："现在全市党员都在向你学习，希望你在民政岗位上，继续为群众解决急难愁问题。"

就在五天前，上海市委刚刚发出通知，号召全市党员向这位扎根基层、一心为民的人民公仆学习。同时，曹道云还是"全国诚实守信模范"和上海市民政系统"孺子牛奖"金奖获得者。

已退休多年的曹道云回忆起当年的那一刻，记忆犹新。"我当时很大声地回答，一定不辜负书记和大家的期望，在岗位上多为群众办实事、解难事、做好事！"

曹道云知道，习近平对他说的这番话，其实是说给全市党员干部听的，"他把我的手握得很紧，我深切地感受到，群众的急难愁问题，始终是他心头不变的牵挂"。

那天在普陀区的调研座谈会上，在说到改善民生时，习近平特别谈道："做群众工作要善做小事，因为群众反映出来的困难，很多时候都是小事，但实实在在做好了，对于一个居民、一个家庭来说就解决了大问题。"

习近平再次提到了曹道云，说他为百姓办了许多关系切身利益的小事，并在这些小事中积累了经验，最终将其提升为一项项惠民政策，"我们要向曹道云同志学习，不畏困难，再接再厉，进一步解决好群众关心的一系列问题，如就学、就医、就业、社会保障、社会救助、住房保障等，切实把广大群众的利益实现好、维护好、发展好"。

在解决人民群众最关心、最直接、最现实的利益这"三最"问题上，"既要坚持从小事抓起，办好每件具体实事，又要在体制机制创新上下功夫，在解决深层次问题上下功夫，努力找到符合国情市情、长效管用的好办法"。这是习近平一再强调的。

2007 年，作为上海基层社会治理的探索，社区事务受理服务中心、社区文化活动中心、社区卫生服务中心这"三个中心"建设正在全市铺开。每到一处，习近平都会去这些地方看一看。在他眼中，老百姓的生活品质，与政府服务是否到位息息相关。

一次调研途中，他问同车的常务副市长冯国勤："社区文化活动中心普及不普及？受惠面怎么样？"他强调，要多想办法，让更多的群众去活动，真正受益。

在长宁区调研时，他也反复叮嘱区委书记薛潮，要发挥三级管理的优势，在全覆盖的基础上做好规范化、标准化工作，把社区的"三个中心"建设成提供公共服务、强化基层基础工作的载体，健全社区管理和服务体制，真正使社区成为管理有序、服务完善、文明祥和的和谐家园。

在习近平心目中，解决民生问题，重心在基层，关键是要付诸实践、见诸行动、取得实效。要坚持动真情、下真功，把工作的着力点真正放到研究解决群众生产生活中的紧迫问题上，把好的思路和理念转化为具体的政策措施，并切实抓好落实。

离开上海后，习近平无论是在参加全国人大上海代表团审议时，还是在上海调研中，都经常叮嘱干部要到基层去解决问题。

2013 年 3 月 5 日，在十二届全国人大会议期间，习近平跟上海的干部强调，要落实好中央各项惠民政策，更多关注困难群众，让群众切实感受到党和政府的关怀和温暖。"各级干部要转变工作作风，牢固树立群众观点，保持奋发有为的精神状态，发扬钉钉子的精神，把转变工作作风和解决群众反映强烈的突出问题结合起来，把群众工作做实、做深、做细，确保群众安居乐业，确保社会和谐稳定。"

一年后，在同样的场合，全国人大上海代表团的朱国萍代表，用一个个小故事，讲述了如何解决社区居民碰到的公共服务资源配置问题。

习近平听了十分感慨："朱国萍讲到的创新社会管理，故事讲得好、很生动，大家都爱听故事。基础不牢，地动山摇。社会治理的重心必须落到城乡社区，社区服务和管理能力强了，社区就实了。"

他特别加重语气道："我们国家的真正稳定，靠我们基层的同志。"

探索特大城市的管理新模式

上海，是习近平在地方工作的重要一站。他一路走来，从政履历相当丰富，有内陆农业大县，也有沿海开放城市，有贫困老区，也有经济大省。

2007年，习近平到上海时，这座城市的常住人口已经接近2000万，GDP已经突破1万亿元，是一座典型的特大城市。

在上海，习近平非常看重城市治理，在基层调研、市委会议或者会见外宾时，经常重点谈及这个问题。仅当年4月，在他异常忙碌的履新第一个月中，就点题多次。

4月3日，他在杨浦区调研时，考察了社区事务受理服务中心、社区文化活动中心、社区卫生服务中心，叮嘱社区干部说："社区是社会和城市的基础、细胞，社区和谐是社会和谐的基础。解决民生问题，重心在基层，要加强基层基础工作，努力把民生问题解决在基层。"

不几日，他调研2010年上海世博会筹备工作，明确指出："要把握重大历史机遇，全面推进上海经济和社会事业发展。全面提升上海城市建设和管理水平，坚持规划领先，增强环保和生态意识，加强城市建设和管理，优化功能，提升公共服务水平。"

后来，市委常委会听取世博会筹办进展情况汇报，他在会上强调："要以世博会筹办工作为契机，努力放大办博带动效应，带动城市建设和管理水平的提升，强化城市功能，创新管理体制，提高政府办事效率。"

4月26日，习近平在会见国际展览局秘书长洛塞泰斯时说："我们正调动一切可以调动的力量，凝聚一切可以凝聚的智慧，筹办好世博会。同时，通过筹办世博会，推进全市工作全面进步，使上海在调整产业结构、提高城市管理水平、推进长三角区域合作、提升城市文明水平和市民素质等方面，上一个新台阶。"

在5月召开的上海市第九次党代会上，习近平在报告中更是明确提出，要积极探索符合上海特大型城市特点的城市管理新模式，"深入推进城市管理网格化，建立健全城市管理常态长效体制机制。坚持以人为本，切实解决城市管理顽症，改善市容市貌"。

2011 年 3 月 5 日，已到中央任职的习近平再次强调，上海要在加快社会建设、加强和创新社会管理上更加奋发有为。他对全国人大上海代表团说："充分运用举办上海世博会在城市管理方面创造的成功经验，借鉴国际先进经验，扎实推进社会管理体制改革和创新，使城市运行安全和生产安全进一步加强，城市建设和管理水平实现新的提升。"

三年后，习近平又强调："加强和创新社会治理，关键在体制创新，核心是人，只有人与人和谐相处，社会才会安定有序。社会治理的重心必须落到城乡社区，社区服务和管理能力强了，社会治理的基础就实了。"

他还特别指出："治理和管理一字之差，体现的是系统治理、依法治理、源头治理、综合施策。社会治理是一门科学，要着力提高干部素质，把培养一批专家型的城市管理干部作为重要任务，用科学态度、先进理念、专业知识去建设和管理城市。"

2015 年 3 月，习近平参加全国人大上海代表团审议时，再一次着重谈到社会治理，嘱托上海的干部要以最广大人民根本利益为根本坐标，从人民群众最关心最直接最现实的利益问题入手，"建立一支素质优良的专业化社区工作者队伍，推动管理重心下移，推动服务和管理力量向基层倾斜，实现从管理向治理转变，激发基层活力"。

对于如何提高城市治理水平，习近平念兹在兹。

2015 年 12 月下旬，中央城市工作会议在北京召开。这是 1978 年后首次召开的最高规格城市工作会议。而间隔的这 37 年，中国经历了世界历史上规模最大、速度最快的城镇化进程，在经济发展

2007 年 4 月 3 日，习近平在杨浦区殷行街道调研民生工作

中，城市地位举足轻重，在推进国家治理体系和治理能力现代化的过程中，城市治理同样举足轻重。

习近平在讲话中特别提道："政府要创新城市治理方式，特别是要注意加强城市精细化管理。"

2017年的全国两会上，他把这个任务布置给了上海。他指出，走出一条符合超大城市特点和规律的社会治理新路子，是关系上海发展的大问题。然后，他说了一句非常著名的话："城市管理应该像绣花一样精细。"

这句话，就挂在浦东新区城市运行综合管理中心正门口。

习近平不仅在全国两会上经常叮嘱上海要为中国城市治理探路，而且几乎每次来上海调研，城市治理都是必看的点。

2018年11月6日下午，习近平来到浦东新区城运中心。在指挥大厅中央，有一个巨大的电子屏幕。时间嘀嗒一秒，屏幕上的浦东全境动态信息地图就闪动一下。1200多平方公里的浦东大地上，每天发生的点滴"故事"，都在这个"城市大脑"上显现。习近平就站在这个大屏前，听取工作汇报。

大屏幕右侧，还"藏着"一个联系指挥组。遇到简单常规的情况，就依靠系统自动完成派单和处置，但如果出现"疑难杂症"，就需要他们来对接。

这里有来自浦东新区环保、交警、城管、消防等各个部门的负责人，每个人面前两台电脑。他们实时监控着屏幕，出现复杂的突发状况时，就跨部门协同作战。那天，习近平和联系指挥组的同志们亲切握手，还为他们打气鼓劲。

在参观中，习近平跟上海的干部说："城市治理是国家治理体系和治理能力现代化的重要内容。一流城市要有一流治理，要注重在科学化、精细化、智能化上下功夫。既要善于运用现代科技手段实现智能化，又要通过绣花般的细心、耐心、巧心提高精细化水平，绣出城市的品质品牌。"

对上海的城市治理，习近平历来寄予厚望。

超大城市治理，因其复杂性、前沿性、系统性，成为城市治理领域世界级的难题。在这方面率先探路、创造经验，是上海自身能级和竞争力提升的必然要求，也是检验"排头兵""先行者"成色的重大课题。

上海发展到今天，经济实力、城市面貌、公共服务都达到了较高的水平。但毋庸讳言，这座城市仍有一些与经济发展不相匹配、与人民对美好生活向往不相适应的民生公共服务短板，一定程度上制约着城市品质的进一步提升。养老、托幼、旧区改造等全国性、时代性的难题，在上海有着较为突出的体现。

2019 年 11 月，习近平再次考察上海时，特意提到了"两张网"，称它们是城市治理的"牛鼻子"。

这是两张上海独创的"网"——政务服务"一网通办"和城市运行"一网统管"。习近平叮嘱上海干部："坚持从群众需求和城市治理突出问题出发，把分散式信息系统整合起来，做到实战中管用、基层干部爱用、群众感到受用。"

上海现有常住人口 2400 多万，全市有 6 万栋高楼、27 万台电梯、600 多万辆机动车，还有密布的轨道交通线、给排水管道等，依靠传统的人海战术和一般的技术手段，很多问题已经看不清楚、管不过来、处理不了，从海量数据资源中寻求更优解决方案甚至及早预见潜在风险将成为趋势。

"一网通办"和"一网统管"是上海智慧城市、智慧政府建设的"一体两翼",也是治理数字化的有机组成部分。

"一网通办",就是把所有政务服务事项整合到一个门户网站上,市民和企业只要进一张网就能办各种事,享受政务服务就像网购一样方便。"一网统管"则是把城市管理信息集中到一个网络系统,通过一个屏幕就能观察全城运行情况,通过一张网就能处理方方面面的事。哪里发生交通拥堵、哪里出现积水漏水、哪里存在消防隐患,都能及时感知、快速反应、协同处置。

新冠肺炎疫情防控中发挥了重要作用的"随申码",就是"两张网"协同发力的典型案例。依托政府部门海量政务数据及通信运营商、公共交通等社会数据,让"绿码通行"在方便群众的同时也精准助力疫情防控,减轻了基层人员的查验压力。

精益求精的"两张网",贯穿其中的最重要的还是"改革"二字。本质上,"两张网"连接着城市治理领域一系列变革——由人力密集型向人机交互型转变、由经验判断型向数据分析型转变、由被动处置型向主动发现型转变。而实现这些转变,要依靠流程再造和改革创新。

人们对"两张网"的期待,终究要落在它们对城市治理的赋能上,而真正的赋能,一定来自全面深化改革带来的系统性、革命性再造,而不只是简单构筑外形。

上海密织"两张网",正是因为深刻认识到城市治理现代化中的深层变革。

而同时,习近平还嘱咐上海干部:"要抓住人民最关心最直接最现实的利益问题，扭住突出民生难题，一件事情接着一件事情办，一年接着一年干，争取早见成效，让人民群众有更多获得感、幸福感、安全感。"

换言之，技术革新终究是为了人的发展，技术再发达也不能完全取代人的作用。在掌握新技术的同时，各级干部要更好地走街串巷、嘘寒问暖、敲开家门、打开"心门"，学会做温暖人心、凝聚人心的工作。

群众工作这个"老法宝"，在今天非但不能丢弃，反要在新的治理场景上更好发扬。这背后，正是"人民城市"的人本价值，是城市治理的初心所在。

超大城市治理中，要做到习近平要求的"像绣花一样精细"，"两张网"是技术保障，是握在城市治理者手上的"绣花针"。

但"绣花针"只是工具，并非有了"绣花针"就一定能治理好城市。更关键的是，城市治理者还要有一颗"绣花心"，就是细心、耐心、卓越心，要能够关注到城市的细枝末节、角角落落，随时随地捕捉问题、精益求精优化对策。

一座城市的品质，往往就体现在一砖一瓦、一草一木中，要打造真正一流的治理，就不能放过任何细节。

能做小事，善做小事

城市治理存在于每一件小事中，而涉及千万人的小事，就是大事。

很多小事，解决起来绝非易事，只有从小处着眼、从实处入手，用钉钉子的精神，才能补齐治理短板。习近平在上海工作时，经常告诫干部："解决民生问题是为政的根本，改善民生状况是最大的政绩。"

2007 年 9 月 4 日，习近平在普陀区调研时叮嘱干部们，要高度重视民生问题，加快完善交通基础设施，推进旧区改造，着力加强社区建设和管理，继续加强就业保障和社会救助。他提出的关键要求是："对群众充满感情，能做小事、善做小事，切实把广大群众的利益实现好、维护好、发展好。"

半个月后，习近平到杨浦区接待信访群众，群众反映的问题涉及民生问题的方方面面。接待结束后，习近平对干部们说："这是群众天天遇到的问题，小事不小。要先解决电梯维修等影响居民生活和安全的急难问题，并举一反三，对这些带有普遍性的问题做好调研，制定政策，统筹解决。"

从大队党支部书记、县委副书记起步，习近平从中国社会基层一路走来，一步一个脚印，深知民生疾苦。群众利益无小事，是他一贯的思维方式。

2016 年底，习近平主持召开中央财经领导小组第十四次会议，听取并讨论冬季清洁取暖、推行垃圾分类、提高养老院服务质量等六件"小事"。会上透露了一组数字：2015 年我国大中城市生活垃圾产生量近 1.9 亿吨，如果用装载量为 2.5 吨的卡车来运输，车队长度达 50.4 万公里，能绕赤道 12 圈，"垃圾围城""垃圾下乡"成为城乡发展的"痛点"。

对此，习近平强调："普遍推行垃圾分类制度。这项工作关系十三亿多人生活环境改善，关系垃圾能不能减量化、资源化、无害化处理"。"要加快建立分类投放、分类收集、分类运输、分类处理的垃圾处理系统，形成以法治为基础、政府推动、全民参与、城乡统筹、因地制宜的垃圾分类制度，努力提高垃圾分类制度覆盖范围。"

如此高规格的会议，专门聚焦民生"小事"，说明在习近平心中，这些都是大事，关系着每一位百姓的日常生活。他在会上动情地说："全面建成小康社会，在保持经济增长的同时，更重要的是落实以人民为中心的发展思想，想群众之所想、急群众之所急、解群众之所困"。

在上海，推行垃圾分类，远比建几幢高楼重要得多，也困难得多。

"在有条件的居住小区，推行生活垃圾分类收集处置。"早在1998年，这句话就被写进了上海市政府工作报告。但后来尝试下来，发现推进难度极大，特别是源头分类难。居民们常常向居委干部抱怨："扔个垃圾还要分类，太麻烦了。"

2018年11月6日，习近平在上海考察时，走进虹口区市民驿站嘉兴路街道第一分站，逐一察看综合服务窗口、托老所、党建工作站等。

在这个市民驿站里，有间房间有点特别。这里是嘉兴路街道第一党建服务站，也是群众接待点。那天在这里，来自4个居民区党组织、3个共建单位和2个服务站的工作人员，一起交流社区垃圾分类推广做法。

习近平对此十分感兴趣，仔细询问有关情况。青年志愿者陈鹏翔向他介绍说，公益活动已经成为新时尚。习近平加重语气："垃圾分类工作就是新时尚！垃圾综合处理需要全民参与，上海要把这项工作抓紧抓实办好。"

到 2019 年底，嘉兴路街道垃圾分类纯净度已达 90% 以上。不仅嘉兴路街道如此，在徐汇区，有上千户居民的徐家汇花园小区，在推进生活垃圾分类过程中，34 个楼道门口的 68 个垃圾桶撤并到 2 个垃圾箱房，居民关于垃圾分类的知晓率达到 100%，参与率超过 95%，投放准确率超过 98%。

而有 160 多家入驻企业的上海实业大厦，与每家企业都签订了垃圾分类承诺书，并由大厦保洁员担任垃圾分类督管员，对企业分类质量实行实名制监督。三个月后，大厦干垃圾日均产量从原先的 20 桶减少到 12 桶，源头减量成效明显。

这些都是上海的缩影。

垃圾分类成了上海的"新时尚"，也渐渐成为上海人的"新习惯"。《上海市生活垃圾管理条例》实施后，上海垃圾分类整体成效好于预期，居民参与的积极性和主动性远超过预期。条例实施百天时，全市 1.2 万余个居住区达标率已达 80%。

2019 年 6 月，习近平对垃圾分类工作作出重要指示。他指出，实行垃圾分类，关系广大人民群众生活环境，关系节约使用资源，也是社会文明水平的一个重要体现。

习近平强调："推行垃圾分类，关键是要加强科学管理、形成长效机制、推动习惯养成。要加强引导、因地制宜、持续推进，把工作做细做实，持之以恒抓下去。要开展广泛的教育引导工作，让广大人民群众认识到实行垃圾分类的重要性和必要性，通过有效的督促引导，让更多人行动起来，培养垃圾分类的好习惯"。

上海的垃圾分类，能逐步从"盆景"变为"风景"的关键，是让市民们从"怕麻烦"到"有共识"。只有全社会形成共识、共同参与，这样的"麻烦事"才能做成，才能久久为功。

而"共建共享"的理念，习近平 2007 年在上海工作期间，就不断强调。

2007 年 3 月，习近平在瞻仰中共一大会址时，叮嘱上海干部："要以人为本，切实关注民生、保障民生、改善民生，尽力为群众多办实事、好事，带领人民群众共建共享美好生活。"

4 月，习近平在杨浦区调研时说："各级领导干部要动真情、下真功，深入到困难群众中去，千方百计帮助群众解决就业、就医、就学和住房等方面的现实问题，团结带领广大群众共建共享美好生活。"

在与各界优秀青年代表座谈时，习近平勉励道："要带头追求科学、文明、健康、和谐的生活方式，引领社会文明新风，共建共享和谐美好的生活家园。"

5 月，他在上海市第九次党代会报告中说："最大限度地实现好、维护好、发展好人民群众的根本利益，着力解决人民群众最关心、最直接、最现实的利益问题，团结带领人民群众共建共享社会主义和谐社会，努力让人民群众过上更加美好的生活。"

6 月，他在黄浦区调研时说："要坚持不懈做好就业和社会保障工作，完善就业援助和救助帮困体系，真正使改革发展成果更多地惠及市民群众，在共建中实现共享。"

······

担任总书记后，习近平曾这样深刻分析："一个好的社会，既要充满活力，又要和谐有序。""社会治理是一门科学，管得太死，一潭死水不行；管得太松，波涛汹涌也不行。要讲究辩证法，处理好活力和秩序的关系"。

这些都是精到而生动的论述。

妥善处理好保护与发展的关系

2019 年 11 月 3 日，杨浦滨江东方渔人码头，游人如织一如往常，但闲适中又透着某种兴奋。

摄影者、运动者、情侣、老人、小孩，徜徉在绵长的滨江岸边。不同以往的是，人群中多了不少陌生人之间的热切交谈。他们的话题都关乎前一天习近平的来访："没能亲眼见到总书记，跟着他的脚步走一走滨江也是好的。"

一天前的下午，习近平来到这里考察。先通过视频和多媒体演示，听取了黄浦江两岸贯通及滨江岸线转型工作的汇报。全长 45 公里的岸线公共空间已经全线贯通，其中 5.5 公里杨浦滨江南段，以前是工厂仓库林立的"工业锈带"，现在则是以公园绿地为主的"生活秀带"，为上海增添了一道风景线。

习近平沿着滨江栈桥，步行察看黄浦江两岸风貌，了解人文历史和城乡变迁，还乘车沿途察看渔人码头、杨树浦港旧址等地标景观，对杨浦区科学改造滨江空间、打造群众公共休闲活动场所的做

2019 年 11 月 2 日，习近平在杨浦区滨江公共空间杨树浦水厂滨江段考察

法表示肯定。

作为滨江岸线的建设者，章琳琳和同伴们当天就在渔人码头上。当她远远看到习近平坐上了游览车，本以为不会和他们互动了，就拼命地挥手致敬。"真是太幸运了，没想到，他竟然让车子停住，下车朝着我们走来。"

渔人码头的人群热烈欢呼，争相跟习近平握手，他们自我介绍："我们都是滨江的建设者。"对着这群辛劳的建设者，习近平说了一段情深意长的话语："城市是人民的城市，人民城市为人民。无论是城市规划还是城市建设，无论是新城区建设还是老城区改造，都要坚持以人民为中心，聚焦人民群众的需求，合理安排生产、生活、生态空间，走内涵式、集约型、绿色化的高质量发展路子，努力创造宜业、宜居、宜乐、宜游的良好环境，让人民有更多获得感，为人民创造更加幸福的美好生活。"

在场的很多人流下了热泪。他们说："总书记的到来，既是对大家的鼓励，也是嘱托，我们滨江建设者将牢记总书记的话，一代又一代建设好滨江，为更多老百姓提供更加美好的滨江体验。"

对于老城区的改造和发展，习近平时刻牵挂于心头。

2007年习近平在上海工作时，"旧区改造"就是他在调研时经常提及的热词。

当时的上海，中心城区还有大片旧区。6月在黄浦区，习近平登上中山东二路、金陵东路路口的光明大厦楼顶，这里是当时外滩地区的制高点。他一边俯瞰四周，一边听区里的汇报。

朝西南望去，十六铺、董家渡的大片旧区尽收眼底。指着那一片正在动迁、亟待开发的地块，习近平语气坚定地说："旧区改造一定要坚持推进，不能让老百姓再在这么破旧的房子里生活下去了。"

他跟一起考察的干部们说："上海中心城区改善民生的任务仍然繁重而紧迫，要以推进旧区改造为抓手，改善群众居住条件和生活质量，扩大廉租住房制度覆盖面。"

8月在闸北区，习近平来到彭浦新村街道第五社区，专门了解旧房改造情况。在一户廉租房政策受益居民家中，他跟居民们亲切攀谈，关切地询问他们的生活情况，并仔细察看经过成套改造后的独用厨房和卫生间。

习近平反复叮嘱区领导，要将这项造福百姓的实事工程办好，他跟大家说："要高度重视民生，认真解决好人民群众的'三最'问题。旧区改造要稳步推进，把需求和可能结合起来，逐步改善群众的居住质量。"

区领导向习近平汇报时提到，闸北区从2003年起，每年财政收入增幅在中心城区名列前茅。习近平对此表示肯定的同时，特别指出："尽管闸北的财政并不是很宽裕，但你们舍得加大对民生保障的投入力度，实实在在地为群众解决了一批急难愁问题。"

9月在普陀区，对于这个上海的"西大堂"，习近平特意叮嘱："要高度重视民生问题，切实为人民群众谋福祉。要推进旧区改造，坚持尽力而为、量力而行，分层次、多渠道解决好群众的住房问题。"

到中央工作后，习近平更是把这种关切与牵挂，带到了全国各地。

"只要还有一家一户乃至一个人没有解决基本生活问题，我们

2007年8月2日，习近平在闸北区调研时走进居民家中，关切地询问他们的生活情况

就不能安之若素。"

"棚户区改造事关千千万万群众安居乐业。我们的城市不能一边是高楼大厦，一边是脏乱差的棚户区。"

在习近平心中，住房问题既是民生问题，也是发展问题，关系千家万户切身利益，关系人民安居乐业，关系经济社会发展全局，关系社会和谐稳定。

党的十八大以来，习近平总书记心系百姓安居冷暖，始终把"实现全体人民住有所居"作为一项重要改革任务，全面部署、躬身推进。他在多次实地考察时强调，要让棚户区、老城区里的群众居住更舒适、生活更美好，解决好大家关心的实际问题。

习近平告诫广大干部，目前全国棚户区改造任务还很艰巨，只要是有利于老百姓的事，我们就要努力去办，而且要千方百计办好。

在他的直接关心和推动下，棚改工作在全国各地扎实推进，短短几年时间，上亿居民"出棚进楼"，圆了安居梦。

但旧区改造，绝非简单地大拆大建。

2007 年，无论是到中心城区还是到远郊调研，习近平总是不忘提醒上海的各级干部，要保护好历史建筑，保护好自然村落，保护好城乡的历史风貌，妥善处理好保护与发展、改造与新建的关系。

他曾说："城市中的老建筑，应该像'老人'一样得到善待。"

2007 年 7 月，习近平利用周末，来到苏州河边由老厂房改建的 M50 创意园区调研。参与 M50 设计的张雪敏接到通知有接待任务，但事先并不知道谁会来。于是，张雪敏一边等一边跟朋友谈事，竟忘了时间，直到工作人员来电，才匆匆跑下楼。

一看，居然是市委书记习近平。而且，一行寥寥数人，轻车简从。随后，在近两个小时的调研中，习近平提了 30 多个问题，问得非常细。

从这些问题中，张雪敏明显感受到，习近平对历史建筑和工业遗产的保护非常重视，也很关心城市更新中的创新，关注如何通过保护和更新，让文化遗存焕发新的活力、形成新的产业。

"习书记当时提出的理念，在上海后来的城市规划建设中不断延续，城市更新取代了过去大拆大建的传统模式，城市历史遗产保护的理念深入人心。"张雪敏说。

2007 年 9 月，习近平在徐汇区调研时，听取了关于徐家汇商业开发和徐汇历史风貌保护区的情况汇报，还登上港汇广场 1 号楼的顶楼，在 220 多米的高处俯瞰徐家汇全貌。

看到武康大楼等老建筑时，习近平对上海的城市文脉流露出浓厚的感情。他说："上海历史风貌的价值精华就在于 4000 多幢老建筑，如果这些老建筑消失了，上海的文脉就被切断了，历史风貌就没有了，城市特色也就没有了。对于历史风貌区要防止大拆大建，切实传承好历史文脉。"

对上海农村的历史文脉和自然风貌，习近平也一再告诫干部们，要切实加以保护。

嘉定区华亭镇毛桥村，是全国社会主义新农村建设示范点。2007 年 7 月，习近平来到毛桥村。走进村子，只见道路宽敞平整，河道清清，农民房屋青瓦白墙，宅前屋后草木葱茏，一派江南水乡风貌。

2007 年 7 月 5 日，习近平到嘉定区调研时，同村民亲切交谈

美丽的村宅处处是景，村干部向习近平介绍各个特色"景点"：这个是"老榆树下"，那里"曲'泾'通幽"，小河道里泛着"一叶扁舟"……

一边走，镇、村干部一边向习近平介绍毛桥村农宅改造的情况。这里的改造坚持规划先行，成立了由专业设计院、区和镇相关部门，以及村和农户组成的领导小组，特别是在民居改造过程中充分听取农户意见，取得百分之百的同意率后，才实施改造。

那时，毛桥村已经实施了八项改造。改路，对原有的路网进行适当拓宽和改造；改河，对河道进行综合整治；改房，对不同类别的住宅进行立面整治、适当整修或予以拆除；改厕，对各住户的卫生间进行新建和改建；改厨，对各住户的厨房进行改造，但保留原有的农村大灶；改水，对整个农宅进行污水纳管；改绿，在宅前屋后及道路两侧增建绿地；改网，对电网、通信网、有线电视网进行改造。

习近平一边听汇报，一边细致询问：村里的可支配资金有多少？用在哪里？村民收入情况如何？

快要出村时，习近平看到路边一栋黛瓦飞檐、古色古香的农宅，便走进这户村民家里。村民朱阿婆在家，习近平同她聊家常，问环境改造得好不好、大家满意不满意。

朱阿婆笑呵呵地说："满意满意！村里的河道原来比较脏，改造以后，变得很清爽了。"习近平还走进朱阿婆家的厨房，大土灶上正烧着饭。阿婆的女儿掀起锅盖给习近平瞧瞧，喷香的大米饭上面，扣着梅干菜烧肉。

习近平评价说，毛桥村村容改造建设项目，老百姓还是积极拥护的，没有让他们花多少钱，没有搞强拆强建，顺其自然，在原有基础上就地改造，它的改造模式，也是比较自然、纯朴的，因地制宜，适合当前的发展阶段。

在这样一个环境优美、风貌保护得当、现代化设施齐全的村子里，有两户人家在经营农家乐。习近平特别提道："这个村的改造建设又与农家乐结合起来，是真正搞农家乐。如果全是现代化新房子，就没有那个味道，也乐不起来。在这样很自然的现代化村落搞农家乐，城里人来了，就感到很新鲜。"

农村的村容改造，并不是要跟城市一样化、一律化、无差别化，还是要有差别，城还是城，乡还是乡，风貌还是不一样的。这个观点，习近平在多个场合反复强调。

在金山调研时，习近平专门谈到要加强农村自然文化风貌保护。他说："你们这里有农民画，有以良渚文化为背景的黑陶艺术，还有山阳故事会，很有特点，而且有一定的影响，这也是金山发展的一个特色。"

在他看来，经济发展到一定程度，更需要注重软实力，而文化的软实力，反过来推动经济的发展。"还有像枫泾古镇以及农村自然村落，这些都是极为宝贵的历史文脉，我们在推进新农村建设过程中，要倍加珍惜，切实加以保护。"

在青浦区调研时，习近平还作了深入剖析："在新农村建设的过程中，要妥善处理好保护与发展、改造与新建的关系，切实防止盲目的大拆大建。在制定和落实规划时，要坚持传承历史文脉，切实保护具有江南水乡特点、传统文化特色的自然村落和城镇。"

望山看水忆乡愁，乡村需要保护文化记忆，主城区同样需要留存城市文脉。当年让习近平充满感慨的武康大楼，已经是上海出镜率最高的历史建筑之一。但从 20 世纪八九十年代起，这栋建筑的外立面就逐渐被数不清的电线杆、架空线、空调外机和各式电缆"包裹"。想拍一张原生态墙面的照片，几乎是不可能的。

包围武康大楼多时的"黑污染"的去除，得益于上海加强城市管理精细化"三年行动计划"。2018 年 3 月，徐汇区首批架空线入地工程启动，淮海中路的华山路至宛平路一段，成为全区首条试点道路。2019 年 1 月 25 日，最后两根路灯电源线被拆除，盘桓在武康大楼周身的黑色"蜘蛛网"从此消失。这座有着近百年历史的上海市优秀历史建筑，终于拥有了进入 21 世纪后首张清新的"素颜照"。

城市里的细节，细节中的故事，故事中的温情，往往就是一座超大城市的诗意栖居。

城市更新的目标，是指向未来的，但这与历史文化的保护并不矛盾。正如习近平所强调的："历史文化是城市的灵魂，要像爱惜自己的生命一样保护好城市历史文化遗产。"

曾有"海上第一名园"之称的张园，是南京西路风貌保护区的核心区域，留存着浓郁的近代上海弄堂风貌。但由于区域内绝大部分建筑为旧里，房屋本身没有卫生设备，要靠手拎马桶，居民要求改善居住条件的呼声很高。作为一种新的探索实践，静安区对张园采取了保护性征收，就是"征而不拆，人走房留"，并顺利达到居民签约生效比例。

习近平曾谆谆嘱托，要处理好城市改造开发和历史文化遗产保护利用的关系，切实做到在保护中发展、在发展中保护。在上海领导层看来，保护修缮要充分考虑建筑肌理和原有风貌，处理好

"显"与"藏"的关系，各种基础设施的完善必须严格遵循、更加凸显建筑本身的风格特质，现代的设施和功能要精巧地隐藏其中。

城市更新，不仅要尽最大可能保留保存城市风貌和历史建筑，使之可阅读、可展示，也要充分考虑民生功能、公共服务的留存拓展，让历史街区更有温度、更富活力，更好彰显上海的城市魅力。这一点，正在内化为上海城市治理中的自觉行动。

要真正听老百姓的喝彩声

无论当年在上海，还是离开了上海，习近平的每一次调研、每一回走访、每一场座谈，亲历者们不管是领导干部还是普通群众，心中都镌刻下一份美好而珍贵的记忆。

有一个地方，习近平经常去，那就是敬老院或为老服务场所。真心实意关心老人和最基层的群众，是他一贯的作风。

2007 年 4 月 3 日，杨浦区殷行街道敬老院里，张秀卿老奶奶正在过百岁生日。此时，习近平笑着走了进来。周边的人跟张奶奶说，这是市里面的大领导。老人听了有点紧张，话也说不出了。

只见习近平笑着向老人拱手作揖，祝老人"福如东海，寿比南山"，引得现场一片笑声掌声。张奶奶看到这个大领导这么亲切，也就不紧张了，和在场的其他老人们一起，激动地唱起了歌。

那两年里，张奶奶常常提起习近平给她祝寿，感到特别幸福，说这位领导就像自己家里人一样和蔼可亲。每每说起此事，张奶奶总要叮嘱家人："习书记给我祝寿的这张照片，你们一定要保存好，是我们家的传家宝啊！"

习近平来到的杨浦区殷行街道，户籍人口接近 20 万人，其中大多数是中低收入的工薪阶层。

"习书记到上海工作没几天就来看我们，让我们感到既温暖又光荣。"街道党工委书记朱一平陪着习近平先后看了社区文化活动中心、社区卫生服务中心、社区事务受理服务中心和"阳光之家"、敬老院等。

在社区卫生服务中心，习近平问来看病的居民们"药费贵不贵""看病方不方便"。在社区事务受理服务中心，他叮嘱工作人员，"不要让群众办事求爷爷告奶奶"。在社区文化活动中心，习近平笑着问一位白发的老伯："您是天天来，还是就今天来？"老伯告诉他，自己退休了，就住在附近，天天来，老了也要读书看报。

周边的居民听说新书记来了，欣喜地从四面八方赶来。居民们回想当年这一幕，感动地说："那天，只要我们老百姓的手能够得着的，习书记都一一握手。"

习近平说话声音不大，却非常清晰，见到老百姓总是先伸出手，主动和大家握手亲切问候，而且说话特别接地气，问的都是老百姓心底里关心的问题。即便多年以后，居民们心中依然感到十分亲切。

有相同感受的，还有很多工作在平凡岗位上的人。

2007 年"五一"前夕，陈扣娣一连三个晚上没睡好。作为普陀区环卫系统清扫班组长，她听说习书记劳动节要来慰问她们班组，那份激动与紧张的情绪，紧紧缠绕着她。

2007 年 5 月 1 日，习近平看望普陀区清扫班工人

那天，习近平来了，周边小区里许多老百姓都拥了过来，大家都要来看看新书记。习近平很亲切，笑着和大家握手。"也怪，看到习书记和蔼可亲的样子，我心里一下子就定下来了。"陈扣娣后来笑着说。

得知陈扣娣班组已经七次荣获市劳模集体称号，习近平称赞道："你们是城市'美容师'，工作很辛苦，但很光荣，你们默默奉献，在平凡岗位上作出了不平凡的贡献，是工人阶级中的优秀分子。"

在班组荣誉室里，陈扣娣介绍了班组创造总结的"十大特色工作法"，习近平赞道："三百六十行，行行出状元。"

"虽然现在社会上有些人对环卫工人还多少有些轻视，但习书记对我们的鼓励一直温暖着我们的心。"陈扣娣说。

一次次饱含深情的走访，展现出真挚深厚的为民情怀。

2007年6月12日，李菊观在已经改造成农家旅馆的家里，迎来了习近平。

那天，习近平到金山区调研，廊下镇中华村是其中一个点。习近平坐在客堂间的八仙桌前和李阿婆拉家常，习近平讲普通话，李阿婆讲金山本地话，区领导给他俩当"翻译"。

习近平问李阿婆："家里改造成农家旅馆后，一年收入能增加多少？"李阿婆告诉习近平几笔主要的收入来源，另外还有土地流转费、农保，然后说："我一个67岁的农民，每个月可以拿这些钱，日子过得真开心！"

习近平听了，笑得也开心。

李阿婆还领着习近平走进自家厨房，灶上搁着她刚烧好的菜

2007年6月12日，习近平在金山区廊下镇中华村调研

饭。她盛了碗菜饭请习书记尝尝，习近平接过来，边吃边夸赞说："很香!"他还招呼身边其他人，叫他们也一起尝尝。

让李阿婆没想到的是，习近平临走时主动对她说："我们合个影吧。"于是，就在她家门口拍了张照，照片一直挂在她家客堂间墙上。"喏，你看，习书记拉着我的手呢。"后来，有亲朋好友或客人来，李阿婆常会这么乐呵呵地指着照片说。

金山农民画家严军杰，在农家乐旅游点开了间画室。习近平去他画室走访时，严军杰介绍了自己的几幅得意作品。习近平饶有兴致地看着，他说农民能创作出这样好的作品不容易，并仔细询问画作的销售情况。

严军杰捧上一幅新创作的生肖画说："习书记远道而来，我想把这幅作品送给您留作纪念。"习近平笑着说："画我收下了，但不能送，要买，多少钱?"

严军杰如实相告："这幅画如果卖的话是 500 元。"

过了没几天，镇政府给严军杰送来了 500 元，说这是习书记特地转来的，还带来了口信："习书记让我们转告你，谢谢你的画，有机会还会来看望你。"

"必须使每一位政府工作人员都牢牢记住，人民政府的权力来源于人民，必须代表人民的利益，必须为人民谋福利，切不可忘记了政府前面的'人民'二字。"这是习近平在福建工作时讲过的话，他总喜欢用朴素的语言，来表达对人民的挚爱。

2007 年 4 月下旬，习近平去宝山区调研时，在座谈会会场上，他看了看席卡，笑着说："你们区委书记和区长的名字真好，这就是我关心的事! 书记叫吕民元，民元民元，就是以民为本;区长叫斯福民，福民福民，就是造福人民。"

宝山区领导向习近平介绍民生工作时，提到区委班子为了熟悉农村的实际情况，每个区委常委都定期到一个村去蹲点，吃住都在那里，帮助群众解决一些实际问题。习近平听了给予充分肯定，他说："你们做得对，发扬了党的优良传统和作风。"

那天考察路上还有个细节，让吕民元久久难忘。

因为习近平在宝山区的调研点比较多，时间很紧，所以宝山区的基本情况和总体发展目标，吕民元就在车上抓紧时间汇报。

他准备了十多块图板，习近平坐在车上第一排，吕民元就站在驾驶员后面，拿着一块块图板边展示边介绍。习近平听得很仔细，而每当车子开过比较颠簸的地方，习近平就伸出手来，扶一把吕民元。

"这虽然是很细小的一个举动，但在场的人都感觉到很暖心。"吕民元说。

民生民情，始终是习近平最深的牵挂。

对民生问题，习近平不仅有感情，更有如何解决问题的思考和方法。在他看来，"执政党就是要想办法多为老百姓解决实际问题"。

对于"什么是老百姓最关心的民生问题"，在 2007 年的一系列调研中，习近平经常跟干部说一些交心的话："基层百姓有几个真正关心 GDP 的？老百姓最关心的是能不能每年有增收，是不是在社保方面有改善，跟他们息息相关的利益问题是否得到解决。"

习近平语重心长地说："我们听喝彩声，还是要真正听老百姓的喝彩声。"

这种朴实而生动的政绩观，着眼的其实是经济发展与民生改善之间的辩证关系。坚持在发展中保障和改善民生，是习近平始终如一的理念与情怀。

在上海工作期间，习近平曾多次提到，上海经济发展了，市民的生活水平也要有所提高，特别要关注经济还不富裕、生活还有困难的群众。

他要求上海的领导干部："多干群众急需的事，多干群众受益的事，多干打基础的事，多干长远起作用的事，切实把各项利民、惠民、安民的政策措施落到实处。"

在研究上海市社会保障"十一五"规划专题会议上，习近平更是明确指出，公共财政要倾斜民生，"该花的钱一定不要舍不得花"。

黄浦区南京东路街道的承兴居委，是典型的上海石库门旧式里弄。2007年6月中旬，习近平来这里调研时，居委会主任特别激动，一边走一边详细汇报工作，习近平饶有兴致地听着，还不时发问。

在托老所里，习近平亲切地与老人们交谈，询问他们的伙食怎么样、开展哪些活动。当听到老人们对居委工作和托老所表示满意时，习近平欣慰地笑了，他叮嘱黄浦区的干部："上海已进入老龄化社会，区里一定要重视做好养老工作。"

对这里正在进行的石库门里弄房的厨房改造，习近平也十分关注。他说："像这样的小事、实事，看上去不那么隆重，不像一个大楼建起来那么精彩，但它是惠及群众的，我们就是要把这样的事情一件一件办好，我们就是要设身处地地想想，假如我们是那里的居民，我们最期盼解决什么。换位思考以后，群众的期盼就应该是我们的实际举措。"

在一位老妈妈家的厨房里，习近平看到经过改建的公用厨房

2007 年 6 月 14 日，习近平在黄浦区调研中心城区民生工作

面貌一新时，称赞居委会为百姓办了一件好事，又轻声对身边的黄浦区领导说："厨房改建还是比较容易的，我看最难的是解决马桶问题。"

区干部们都有些惊讶：习书记到上海工作才不到三个月，就对群众的切身困难了解得那么准、那么深！

2018年11月6日，习近平走进虹口区市民驿站嘉兴路街道第一分站。

二楼的日间照料中心能容纳50多个老人，平时有三四十个老人常来。习近平来到这里，亲切地向这里的老人问好，老人们激动地握着总书记的手，向总书记讲述自己的幸福晚年。

86岁的王永年，是一位独居老人。他跟习近平握了三次手，心情非常激动，一个劲地说："谢谢总书记关心！我在这里生活非常好。"

老人们告诉总书记，从早上8点半到下午4点半，他们都可以在康复室、活动室以及休息室里度过愉快的时光。费用每人每天不过30元，包含午餐、点心等。街道引进第三方社会组织，为日托老人提供膳食、保健康复、休闲娱乐等日间托养服务。

79岁的喻昌珠老人因为身体不好，2018年6月和老伴一起来到了日间照料中心。她有一双巧手，平日衣服都是自己做。在这里，这双巧手发挥了更大的用场——可以教其他老人一起学习编织。她说："手机套、茶杯盖，我们都编织出来了。在这里生活特别丰富多彩，除了手工活动，每天还要做健身操、手指操。每周营养搭配也很好，吃得很不错。"有幸见到习近平，她也特别开心："总书记日理万机，还抽空来看望我们老人，这么关心老年人的生活，我们真是太感激了！"

2018 年 11 月 6 日，习近平在虹口区市民驿站嘉兴路街道第一分站托老所
同老年居民亲切交谈

习近平说："我国已经进入老龄社会,让老年人老有所养、生活幸福、健康长寿是我们的共同愿望。党中央高度重视养老服务工作,要把政策落实到位,惠及更多老年人。"习近平的讲话,一字一句老人们都记在心头,暖在心间。

从繁华街区到老式里弄,从田间地头到村宅农家,询问百姓办事是否方便,察看群众住房如何改善,关心农民收入有无增长,了解各行业各领域人士所需所想所盼……

了解民意,是破解民生难题的关键。而拓宽群众有序参与立法的途径,才能使法律更好地体现民意,这就是习近平说的"丰富民主形式"。

2019 年 11 月 2 日下午,习近平总书记来到长宁区虹桥街道古北市民中心,同正在参加立法意见征询的社区居民亲切交流。为了在立法中更好地倾听民意,全国人大常委会法工委当时在全国设立了四个基层立法联系点,而虹桥街道是唯一设在街道层面的联系点。古北市民中心也是上海市人大常委会设立的 10 个基层立法联系点之一。

那天,这里正在举行征询会,讨论的是行政处罚法修订草案。看到总书记走进来,大家都站了起来,习近平和他们打招呼,一一握手。

这次会议的召集人刘正东,在 2007 年作为 50 位受表彰的非公经济人士之一就见过习近平。他一开始还是挺紧张的,但见到习近平话语亲切、平易近人,交流就很轻松自然了。

习近平关心地问:"信息员代表的是个人意见,还是其他人意见?"大家回答说:"有参会人员自己提的,但更多的是从其他居民群众那里收集来的。"

习近平又问："你们是怎么收集到这些意见的？这些社情民意采纳情况怎么样？"大家一一作了回答。习近平看到桌子上有记录大家发言的笔记本，还特地俯下身看了看。刘正东说："今天这部草案比较专业，但大家讨论得很热烈，讨论中略有不同看法。"习近平点头说："有不同意见很好，大家可以多讨论、多交流。"

征询会上，还有一张"洋面孔"——德国人戴雷。他是经济学博士，当时已在中国工作生活近 20 年，是一家电动汽车公司的首席执行官，也是基层立法联系点的信息员，这是他第三次参与立法征询。习近平也和他亲切地聊了几句。

在联系点的橱窗里，习近平还看了一份展示材料，这是居民夏云龙的信息员聘书和他对国歌法立法的建议。79 岁的夏云龙是长虹社区居民，他参与了不少立法草案的意见征询。2017 年正式颁布的《中华人民共和国国歌法》就采纳了夏云龙等人的建议，增加了第五条："国家倡导公民和组织在适宜的场合奏唱国歌，表达爱国情感。"

离别时，习近平又主动和刘正东握了一次手。刘正东向总书记表示："一定会把基层联系点建设好。"

上海，是一个"开放、复杂的巨系统"。

城市治理是全人类的课题。而上海作为一座超大城市，人口总量和建筑规模更庞大，生命体征更复杂，有的城市问题也更突出。治理这样的城市，需要更用心、更精细、更科学。

而习近平指出了其中的关键：城市是人民的城市，人民城市为人民。让人民有更多获得感，为人民创造更加幸福的美好生活。半年多后，中共上海市第十一届委员会第九次全体会议以此为主题，审议通过《中共上海市委关于深入贯彻落实"人民城市人民建，人民城市为人民"重要理念，谱写新时代人民城市新篇章的意见》。

对建设人民城市的提法和要求，有很多表述。但上海市民最入脑入心的，是"五个人人"："人人都有人生出彩机会、人人都能有序参与治理、人人都能享有品质生活、人人都能切实感受温度、人人都能拥有归属认同。"2021年6月，在十一届上海市委十一次全会上，又产生了一句引人注目的话："人人都是软实力，人人展示软实力。"它道出的也正是提升城市软实力这项宏大要务的具体落脚点——人民城市，一切围绕"人"。

当然，还有一句话也深得民心——让人在城市也能"诗意地栖居"。

这是上海建设人民城市的努力方向，重中之重，无疑是"人"。唯有以"人"而不是"物"为尺度，促进人的全面发展，城市才可能宜居宜业甚至有诗意。

正如习近平所指出的："城市是人集中生活的地方，城市建设必须把让人民宜居安居放在首位，把最好的资源留给人民。要坚持广大人民群众在城市建设和发展中的主体地位，探索具有中国特色、体现时代特征、彰显我国社会主义制度优势的超大城市发展之路。"

上海已经摒弃"见物不见人"的物本逻辑，坚决防止片面追求GDP的"重发展轻民生"倾向，防止大拆大建的"重建设轻内涵"倾向，防止贪大求奢的"重面子轻里子"倾向，防止本位主义的"重管理轻服务"倾向。

而以人为本的更高境界，是不但要一切"围绕人"，还要让一切"依靠人";不仅要提供高质量的"民生公共品",也要通过一系列方式,强化城市的"民心归属感"。

在上海的领导眼中,人民群众应当"真正成为城市发展的积极参与者、最大受益者、最终评判者",这种深度参与,既体现于日常具体的社会事务,体现于家门口的柴米油盐、基层治理,也体现于宏观的经济实力、城市功能。

而上海需要认真回答三个"时代命题"——我们应该有什么样的追求?我们应该有什么样的胸襟?我们应该有什么样的底气?

上海应有的追求,"就是要追求卓越、争当一流、勇立潮头";上海应有的胸襟,"就是要开明睿智、大气谦和,更好展现海纳百川、开放包容的气度";上海应有的底气,"就是要对我们的道路、理论、制度、文化充满自信,对坚定走中国特色城市发展道路充满自信"。

2017年后,习近平连续三年亲临上海,每一次都有殷切期望,更有重任托付,足见这座城市在大局中和他心目中的地位。

"习近平总书记的重要讲话,是做好上海各项工作的根本遵循和行动指南。我们要站在增强'四个意识'、坚定'四个自信'、坚决做到'两个维护'的高度,深入学习、深刻领会、全面贯彻,把习近平总书记重要讲话精神,转化为推动上海发展的强大动力。"上海市委书记李强一再强调。

虽然时间在流逝,但在上海干部群众心目中,习近平在上海工作时的形象和话语始终清晰如昨。

2007年10月,上海的金秋舒朗而不失热烈。27日下午,上海市召开党政负责干部大会，宣布中央决定，刚刚在党的十七届一中全会上当选中共中央政治局常委的习近平同志，不再兼任上海市委书记。会上，习近平深情地说："我与上海人民同甘共苦、同舟共济，对上海产生了难以割舍的感情。"

同样，上海人民对习近平的感情也深厚而绵长。有一点，一直让上海的干部群众很感慨："习近平对老百姓，真的是有一种天然朴素的真挚情感。"

人们清晰地记得，在上海工作期间，习近平经常说："要对群众充满感情。有了感情，我们才会在看见老百姓遇到困难时吃不下饭、睡不好觉，才能千方百计创新各种方法为困难群众排忧解难。"

习近平还曾动情地说："对于我们共产党人来说，老百姓是我们的衣食父母。要像爱自己的父母那样爱老百姓，为老百姓谋利益，带老百姓奔好日子。"

心里装着人民、时刻想着人民、讲话贴近人民、奋斗为了人民。对于上海这个曾经工作过的地方，习近平倾尽全力，到中央后仍久久牵挂。

凡是过往，皆为序章。对上海来说，这是一座曾经书写过传奇的城市，而在新时代，创造新的更大奇迹的大幕已经全面拉开。

图书在版编目（CIP）数据

当好改革开放的排头兵：习近平上海足迹 / 本书编写组编著 . —— 北京：
　人民出版社；上海：上海人民出版社，2022.6
ISBN 978 - 7 - 01 - 024675 - 8

I. ①当… 　II. ①本… 　III. ①习近平 - 特写 　IV. ① K827=7

中国版本图书馆 CIP 数据核字（2022）第 052869 号

当好改革开放的排头兵——习近平上海足迹

本书编写组

责任编辑	任　民
出版发行	**人民出版社**（北京市东城区隆福寺街 99 号 　邮编 100706）
	上海人民出版社（上海市闵行区号景路 159 弄 C 座 　邮编 201101）
印　　刷	北京新华印刷有限公司
开　　本	710 毫米 × 1000 毫米 　1/16
印　　张	15.25 　插　页　3 　字　数　200 千字
版　　次	2022 年 6 月第 1 版
印　　次	2022 年 6 月第 1 次印刷

《让群众过上好日子》《闽山闽水物华新》《干在实处 　勇立潮头》《当好改革开放的排头兵》（套装）

书　　号	ISBN 978-7-01-024675-8
总 定 价	356.00 元（全五册）
发行电话	（010）65289539 　84095121